北京市少年科学院"小院士"课题评选

北京第二实验小学项目分册

BEIJING DIER SHIYAN XIAOXUE
XIANGMU FENCE

甄　奕　闫莹莹 / 主编

中国环境出版社 · 北京

图书在版编目（CIP）数据

北京市少年科学院“小院士”课题评选：北京第二实验小学项目分册／甄奕　闫莹莹　主编．-- 北京：中国环境出版社，2017.12

ISBN 978-7-5111-3429-5

Ⅰ．①北…　Ⅱ．①甄…　②闫…　Ⅲ．①科学技术－活动课程－小学－教学参考资料　Ⅳ．①G624.63

中国版本图书馆 CIP 数据核字（2017）第 302522 号

出 版 人　武德凯
责任编辑　殷玉婷　沈　建
责任校对　尹　芳
装帧设计　宋　瑞

出版发行　中国环境出版社
（100062　北京市东城区广渠门内大街 16 号）
网　　址：http://www.cesp.com.cn
电子邮箱：bjgl@cesp.com.cn
联系电话：010-67112765（编辑管理部）
发行热线：010-67125803，010-67113405（传真）
印　　刷　北京中科印刷有限公司
经　　销　各地新华书店
版　　次　2017 年 12 月第 1 版
印　　次　2017 年 12 月第 1 次印刷
开　　本　787×1092　1/16
印　　张　8.75
字　　数　160 千字
定　　价　50.00 元

策划与支持：

周又红名师工作室

北京第二实验小学

中国科学教育促进会

北京市西城区青少年科学技术馆

本书组稿人（按姓氏笔画排序）：

王　喆　马　兰　白思邈　冯量达　刘浩然　闫莹莹

杜欣恬　孙涵博　陈嘉莘　李雪梅　杨海燕　周家旭

周又红　赵　鹤　赵　溪　郝　冀　殷梓盛　甄　奕

谭奕朗　霍华美

序

引导我们的孩子热爱科学

一、承担科学的理想、职责和未来

每一代人都有自己的担当，那是历史赋予他们的责任。因此参与科技创新是当今孩子们的担当。教育孩子们真正理解自己的担当，能够去承担科学的理想、职责和未来，是教师们义不容辞的责任。引导孩子们热爱科学，帮他们打开科学之门，为他们搭建探索的创新之桥，是科技教师们永远的追求。

二、感受科学的严谨、实用和纯真

科技创新最强劲的“内驱力”，源自对科学精神的坚守与追求。它们是：批判和怀疑的精神、实践和探索的精神、创造和创新的精神、平权和团队的精神、社会和人文的精神。特别是求真务实的批判精神，是许多科学家的共同认知和共同特点。

当前，孩子们经常参加各种科技创新活动，会有一些孩子的成果得到一定层面上的认可。但孩子们一定要理解，成绩绝非组织者的终极目标和科学教育的本质，目的不纯的“荣誉诱因”不是培养创新人才成长的“良药”，可能成为桎梏人才的“枷锁”。爱因斯坦用一生的行动实践了自己的诺言：“照亮我的道路，并且不断地给我新的勇气去愉快地正视生活的理想，是善、美和真。人们努力追求的庸俗的目标——财产、虚荣、奢侈的生活，我总觉得都是可鄙的！”孩子们通过创新活动，去理解、向往科学世界的纯净，感受科学的严谨、实用。创新人才不但是一个勇攀世界科技高峰的“盗火者”，还是涤荡社会浮躁风气的“清洁工”。这也正是“小院士”活动的理念：学习真科学、真的学科学。

三、接受科学的方法、工具和研究成果

青少年的科技创新活动非一气呵成、一挥而就的事情，需要持之以恒、坚持不懈的努力，其中接受正确的研究方法指导十分必要。科技教师是科技活动的灵魂，教师的能力、修养、脾气秉性甚至个人魅力都对学生起着非同小可的作用，特别是科技教师所具备的开拓意识、科研意识、信息意识和领导意识都是非常重要的。参与“小院士”课题研究活动，让师生们共同成长，可以说科技教师能力的提高不亚于学生。因此，科技教师需要：

（一）掌握指导孩子们做合格小科学家的宝典

源于生活——多走、多看，善于发现——有心、有意；

乐于钻研——好学、好问，肯于实践——动手、动脑；

敢于创造——探索、探究，勤于总结——吸纳、归纳；

（二）创造条件、多样发展

多学习——扩大自己的知识面，使自己能够很好地理解科学方法，做到学无止境。

多动脑——人的大脑中有很大潜力，教师要发挥自己的发散思维，开动脑筋，灵活思辨。

多设计——要理解一项科学研究，具有多方面的设计方法，可以取长补短。

多反思——经常思考我们还能够做什么，还有没有更好的方法。

（三）常问、常想，常做、常新

新观点——克服思维定式，对已经习惯的事情，大胆挑毛病、找问题。

新角度——巧妙重复已有的科学研究，站在巨人的肩上工作，让老树开新花。

新发现——利用自己独特的视角，推陈出新，一切向前看。

新技术——应用现实新发展的方法研究老问题。

四、尝受科学的艰辛、苦涩和困惑

科学虽美丽，但过程很艰辛。有句话很准确“千万次的失败属于自己，一次成功则属于全人类”。还有人说“科学创新是一个高风险行业，历经千万次失败却难以成功一次， 穷其毕生拼搏亦恐无果而终”。 孩子们都天生具有科学家的潜质。科技教师的工作是要将孩子们培养成为真正的科学家，这不是一件轻松容易的事情。很多热衷于参加科技创新的师生经常感到入门难、选题难。具体分析及对策如下：

编号	问 题	对 策	分 析
1	没有强大的科技背景	真实发展	要正视自己的实际力量，反映自己真实的现状， 不要追高，要从容开展适度的科学探究。我自己家庭没有任何科技背景，但是我一直这样要求自己， 也就有了自己的工作空间，否则广大的教师群体都无法参加到科技教育工作中
2	自认条件差，信心不足在观望	切实展现	每个人都有自己独特的工作作风和教学风格， 有自己最为胜任的一面。不必向别人学，向科学家看齐， 要站在自己非常实际的地位思考问题，不好高骛远
3	专家给的研究题目能尽快获奖	扎实工作	在开展科学研究方面，没有“阳春白雪”式的题目，只有扎扎实实严谨的工作态度，以工作量、准确度令人折服、信服
4	急于求成，找途径能快点成功	老实做事	要理解科技教育的实际意义，本着学习、探讨、研究、交流的态度，不为功利所诱惑，走自己的路。我坚持 30 多年的科技教育一线工作，一步一个脚印地走来，其中乐趣无穷

五、享受科学的美好、神奇和趣味

要让孩子们理解，科学的每一次发现、技术的每一次发明都会给人们带来无与伦比的快乐。可能研究的过程会历经无数次失败，然而一次成功，会为人类带来无限的光明、温暖和希望，那种幸福和美好难以言表。当孩子自己放飞了一架小飞机、做好了一台机器人、完成了一个科学小论文、撰写了一条科学建议……都会在孩子们幼小的心灵深处荡漾出美好的感情、实践的豪情、探索的热情和持久的深情，那就是一种享受，享受科学带来的美好、神奇和趣味。

周又红名师工作室

2017 年 1 月

简介

北京市少年科学院“小院士”课题研究评审活动

在全国少工委、中国少年科学院的指导下，在北京少年科学院、西城区教委的大力支持下，西城区青少年科技馆、周又红名师工作室本着为全市少年儿童提供走进科学、认识科学、理解科学的广阔空间，促进全市少年儿童科学素养的提高，让越来越多的孩子体验科学的无穷魅力，依托科技馆新馆的硬件优势、师资优势以及开展科技教育活动的经验优势，开展了“小院士”课题研究评审活动。

一、指导思想

以培养青少年创新精神和实践能力为重点，以科学体验活动为途径，以少年儿童校内外教育阵地为依托，利用多种社会资源，对少年儿童进行科学知识与技能、科学精神与态度、科学方法与能力、科学行为与习惯的培养。

二、主要任务

将科技培训、科技实践、科技竞赛相结合，通过培训、实践、竞赛等活动向少年儿童普及科学知识，发现和培养优秀少年科技人才，建设科技教育培训和科学体验组织阵地，开展校外科技教育理论研究，举办国内外少年儿童科技交流，培训科技教师，建立并完善科技教育专家和导师团队。

三、具体工作内容

▲ 开展 “小院士” 课题研究评选获奖作品展示交流活动；

▲ 运作和组织青少年科学考察及社会实践活动；

▲ 开展科技教师专题培训和青少年专项科研辅导；

▲ 开展北京地区“小院士”课题研究评选活动；

▲ 开展“科技创新教育论坛”活动。

北京市少年科学院“小院士”课题研究评审作品征集要求及评审办法

“小院士”课题研究评审活动是在科技创新教育的主题下，面向全体中小学生开展的以培养青少年的科学知识与技能、科学精神与态度、科学方法与能力、科学行为与习惯为目标的一项科技创新教育活动。其作品征集要求及评审办法如下：

一、申报

（一）申报要求：凡在当年自主完成的课题研究项目（论文或发明），并且未参加过北京市少年科学院“小院士”课题研究评审的作品。

（二）作者要求：作者需为中小学校（包括职业中学、特殊教育学校）的在校学生（从小学一年级至高中三年级），不能跨区县报名，跨学校合作只能从科技馆、少年宫、儿童中心合作完成。

（三）申报材料：申报人如实填写《北京市少年科学院“小院士”课题研究评审申报表》，推荐单位签署意见、加盖公章，申报人、指导教师亲笔签名，同时提供《课题研究论文》或《发明成果报告》原文一份，并用A4纸打印。另外提供课题研究过程和发明过程的原始材料一份（可以是复印件）及研究过程照片至少4张，发明作品实物照片或演示视频一份。

（四）申报方式：每个项目将上述申报材料统一装在一个档案袋中，将《北京市少年科学院“小院士”课题研究评审申报材料》页（附件一）贴在档案袋外面，以学校为单位统一报送到北京市少年科学院“小院士”课题研究活动组委会。同时填写《北京市少年科学院“小院士”课题研究评审申报项目及信息汇总》，打印一份加盖公章并将清单电子版拷入U盘一并报送，现场拷贝审核信息后将U盘带回。

报送地点：西城区青少年科技馆（月坛北街3号），名师工作室（202室）。

（五）有关要求

1. 申报应坚持实事求是的态度。一旦发现弄虚作假或剽窃，立即取消其评审资格，并将情况通知其所在单位或上级主管部门。

2. 递交的作品有明显科学常识性错误的，取消参评。

3. 每名学生只准许申报一个项目。

4. 所有申报者必须是作品的合法拥有者，具有完整的知识产权。

5. 申报的材料，不退材料，不复函。

二、评审

评审分为初评和终评，终评包括现场答辩和创意展示。

（一）初评

组委会将聘请中国少年科学院专家组内相关专家及相关专业人士参与评审。根据中国少年科学院课题研究评审要求将申报的项目分四个方向：发明创造、科学探究、社会调查、创意设计；四个组别：小学低年级组（1～3年级）、小学高年级组（4～6年级）、初中组、高中组分别进行，集体项目参与的人数不得超过三人，如果选手分别为不同年级，则按照其中最高年级划分组别；每一项目辅导教师最多不得超过三人。终评将从初评中选取优秀项目参与终评答辩和展示活动。

（二）终评

终评答辩和终评创意展示同时进行，初评结束后我们会尽快将进入终评的项目名单、具体分组、时间、要求等发到各申报学校负责教师的邮箱。

答辩展示时间：****

1. 终评答辩

答辩程序：先抽签确定答辩的次序，然后由选手借助 PPT（或视频等）对作品进行简要介绍。

介绍时间：小学三分钟、中学五分钟。

介绍要点：结合附件一项目简介（注意：PPT 和选手介绍不要出现学校名称、选手姓名、辅导教师姓名等信息）专家评审小组对其进行适当的提问，选手进行解答（四分钟）。

创新发明项目，答辩时带实物并演示。

为了体现大赛的公平、公正原则，我们采取公开答辩的方式，辅导教师、家长、学生可以旁听。

答辩地点：******

2. 创意展示

①要求：每个项目提供一块高 120 厘米、宽 90 厘米的展板。展板内容：问题的提出（假设）、方法与过程、数据与结果、讨论与结论。展板不能整版喷涂，要有自行创意、自行设计成分，充分体现学生的创意和动手能力（注意：展板要标明作品名称、作者年级、姓名，但不得出现学校、辅导机构名称和辅导教师姓名）。工程项目作品现场演示，体积要求高不得超过 1.2 米，长、宽不得超过 0.9 米，在规定体积内但作品偏重、不易搬动的项目可提前与组委会联系。展示过程中如果用 PPT 介绍需自带笔记本电脑，组委会给每个展位提供电源插口一个，标准课桌一张，工程项目如需多个插口可以自带接线板，耗电量过大要向组委会提出申请。易燃易爆等危险品不得展出。

②展示地点：****

③互动交流：主动、热情地同参观者进行交流，有问必答，思维敏捷，思路清晰，互动能力强。

④说明：每个项目展示答辩穿插进行，时间半天，期间评委将对展板内容的完整性、制作的整体性、动手成分、展示期间选手的交流互动能力等多方面

进行全面综合评分。小学 1 ～ 3 年级组只参加答辩不参加创意展示。

三、组委会对当年的优秀项目推荐报送参加中国少年科学院组织的“小院士”课题研究评审活动，具体要求答辩时通知。

主办：北京市少年科学院

中国少年科学院北京地区组委会

协办：西城区教育委员会

西城区科学技术协会

承办：西城区青少年科技馆

周又红名师工作室

北京第二实验小学

附件一：

北京市少年科学院“小院士”课题研究评审申报材料

项目名称：________________________________

作者信息：第一作者姓名：______________ 年级______________

第二作者姓名：______________ 年级______________

第三作者姓名：______________ 年级______________

所属区县 ：________________________________

申报学校全称：________________________________

辅导教师	姓 名	工 作 单 位

项目申报组别：（请分别在符合的选项划 √）

小学 1～3 年级□　　小学 4～6 年级组□

初中组 □　　高中组□

项目研究方向：（请分别在符合的选项划 √，只能选择一项）

创新发明方向□

科学探究方向□

社会调查方向□

创意设计方向□

项目	初评（提交材料部分）					总分合计
	选题	科学性	创新性	实用价值	严谨性	
分值	10	10	10	10	10	
得分						

目录

1 翼尖小翼和辅助尾翼对纸飞机飞行的影响

作　　者 / 陈嘉莘　孙涵博
指导教师 / 甄　奕　郝　冀　闫莹莹

研究报告修改分析

每个学生的研究都不是一帆风顺的，都是经过千锤百炼之后，才以华美的姿态呈现在我们眼前。在这里，我们就一起见证其中一个研究项目的华丽转身吧。

第一版研究报告

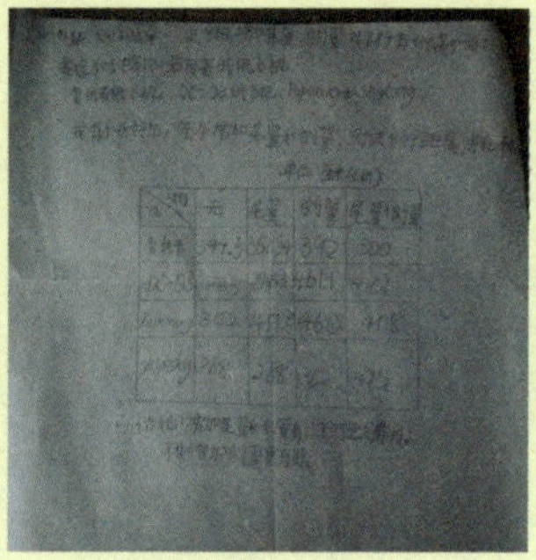

根据学生完成的内容，老师从前期调研到实验方案设计和材料准备等方面，提出了具体的修改方案：

一、前期准备

1. 资料准备

（1）搜索关键词“纸飞机　侧翼　尾翼”；

（2）搜索引擎，“百度”可以，但更建议用“必应”；

（3）搜索目的之一，找到与目前选题接近的已有研究，以确定本选题的创新点，避免全盘重复；

（4）搜索目的之二，确定有无发射纸飞机的固定装置？可否买到或借到？可否自己制作？（建议查找“全国青少年科技创新大赛”纸飞机相关文章。）

2. 材料准备

（1）选买 3 种不同厚度的适合折飞机的纸；

（2）分别用 3 种纸折出 4 种不同机型的纸飞机，即共折 12 架纸飞机。

二、论文重点框架

1. 选滑翔机或其他机型做测试的原因；

2. 画出 4 架飞机的折叠步骤，按照统一标准折出来的效果图；

3. 列出一个能体现各要素的详尽表格，须包含：纸 1/2/3 分别对应的飞机 1/2/3/4，在相同起飞条件下的飞行距离，即最终取得的 12 个飞行距离的数据；上述情况又区分为 A 机身 B 侧翼 C 尾翼 D 全配置共 4 种试飞情形。（相同时间内的飞行距离？此存疑）

三、注意事项

1. 对于每一个飞行距离的数据，必须以相同条件测试 3 次，取其 3 次的平均值。

2. 注意标准。一要注意在折飞机时的标准把握，比如用不同纸折相同机型时，造型、尺寸等的严格一致；二要严格控制起始速度；三要严格控制发射（抛掷）方式，如能取得发射器最好，如不具备条件，只好用手发射，则一定把手的动作练习精确。

3. 要做到飞行条件相同，须考虑测风速、湿度、温度等，要对飞行前的基础数据进行记录。

4. 相关测试工具都可在实验二小实验室借用，可求助。

5. 两位同学请做好分工，建议每人各主要负责两种机型。

修改后的研究报告

【摘要】纸飞机的小翼和尾翼改变了飞行中的空气动力，但不同机型的纸飞机，增加小翼和尾翼之后对飞行的影响并不一样。研究者通过测试多个机型，取得了 144 个数据，经过对比分析，对小翼和尾翼对飞行的影响进行研究。

一、研究背景

我们和爸爸、妈妈外出旅行乘坐飞机时，经常看到乘坐的机型是空客 323、空客 320 或者波音 737、波音 747 等，我们就问爸爸、妈妈，为什么航空公司很少使用中国制造的飞机。后来看新闻，我们国家也要制造大飞机了，是 C919，说是很快就要试飞了，我们很兴奋，这也让我们对飞机、对飞行非常感兴趣，就想多了解一些关于飞机飞行的知识。同时我们对折纸也非常感兴趣，曾经折过很多种纸飞机，也专门看过这方面的书，所以就选择了纸飞机这个课题。纸飞机的型号有很多种，在折纸过程中，我发现许多纸飞机在折叠完后都需要增加小翼或尾翼，这样真的可以使纸飞机飞行得更好吗？它们对飞机滑行有什么影响？为了解决这个问题，我们在老师和家长的帮助下做了这个研究。

二、研究目的

分别增加小翼、尾翼是否能让多种型号的纸飞机飞得更远，更稳定，并进一步了解纸飞机的飞行原理。

三、研究方法及计划

（一）研究方法

1. 阅读相关书籍和资料，了解纸飞机的知识；

2. 实验法，通过数据对比，进行分析。

（二）研究计划

分成 3 个阶段。第一个阶段是准备阶段，主要做：

1. 通过网上、图书馆查找或者自己购买和纸飞机有关的书，认真研究纸飞机的折法；

2. 在老师指导下学习制作多种型号的纸飞机；

3. 选购不同型号的纸；

4. 在家中，制作纸飞机；

5. 准备测试工具：温度计、湿度计、卷尺、刻度绳等。

第二个阶段是测试实验阶段。主要做：1. 测试、记录数据；2. 整理数据。

第三个阶段是整理论文阶段。主要做：1. 对比、分析数据；2. 写作论文。

四、研究过程和结果

（一）研究过程

准备阶段

1. 我们购买多本关于纸飞机的书，认真阅读。

2. 从市场上购买了纸飞机的材料，分别是 70 克 A4 蓝色纸、80 克 A4 白色纸和 100 克 A4 蓝色纸。选择不同克数的纸，主要目的是测试纸飞机的重量对飞行的影响。选择不同颜色，主要是为了测试中便于识别。

3. 制作纸飞机。我们选择了 4 种机型，分别是：复仇者纸飞机、DC03 纸飞机、空中之王纸飞机和 Paperang 纸飞机；每种飞机 4 种形态：单独小翼、单独尾翼、小翼＋尾翼、小翼＋尾翼均无；每种机型每种形态分别用 3 种纸折叠。这样，我们共折叠 $4\times4\times3=48$ 架纸飞机。48 架纸飞机共分 3 次完成，两次在孙涵博家，一次在陈嘉莘家。

第一次叠好了复仇者纸飞机、空中之王纸飞机和两架 Paperang 纸飞机（分别是都不加的机型和单独小翼的机型），一共 26 架。第二次叠好了其他所有 Paperang 纸飞机（10 架）和两架 DC03 纸飞机。（分别是单独尾翼的机型和全都加的机型。）

4. 我们从家里找了温度计、湿度计、卷尺。为了便于测量我们从市场上购买了塑料绳，做成 5 米和 10 米的刻度绳。

测试实验阶段

1. 为保证测试环境，我们租用了森源体育馆室内标准篮球场，在室内无风条件的场地内进行测试，每架飞机飞 3 次，取每架飞机飞行距离的平均值，并记录。测试两小时，

48 架飞机全部测试完，一共飞行 48×3 = 144 次。

2. 测试采用人工抛射，为减少误差，测试的人测试中固定位置，向正前方向上 45° 角抛射，尽量保持同等力度。纸飞机落地后，测量抛射点与落地点的直线距离，然后记录。

3. 如果距离 5 ~ 10 米，先用 5 米刻度绳，剩余距离用卷尺测量。大于 10 米的，用 10 米刻度绳测量后，剩余距离用卷尺测量。不到 5 米的，用 5 米刻度绳测量，然后用卷尺测量剩余刻度绳。

4. 测量中定时观察体育馆中的温度、湿度变化，保证测试在同一个温度和湿度下进行。测量时的温度为 20℃，湿度为 71%。

5. 测试供记录 144 个数据。明显飞行失败的不作为正式的数据。

6. 测试时，为了提高效率，两人分别测试。

整理写论文阶段

1. 整理完善记录内容，汇集两人的记录内容。

2. 写论文。

（二）测试结果

温度：20 ~ 22℃　湿度：71%　单位：米

机型			飞行距离				测试者	备注
			第 1 次	第 2 次	第 3 次	平均值		
复仇者	80 克	小	9.36	5.36	3.00	5.91	陈嘉莘	
		无	8.37	8.67	7.10	8.05		
		尾	5.10	4.03	5.94	5.02		
		全	4.43	6.27	6.04	5.58		
	70 克	小	9.12	6.36	6.42	7.30		
		无	4.31	6.78	3.90	5.00		
		尾	8.87	6.34	5.91	7.04		
		全	6.70	6.63	6.87	6.73		
	100 克	小	9.92	10.60	12.29	10.94		
		无	7.83	8.84	7.66	8.11		
		尾	6.31	5.91	6.68	6.30		
		全	8.31	7.31	11.23	8.95		

机型			飞行距离				测试者	备注
			第 1 次	第 2 次	第 3 次	平均值		
DC03 纸飞机	80 克	小	5.70	7.00	7.30	6.67	陈嘉莘	
		无	4.69	5.00	6.31	5.33		
		尾	7.02	4.20	4.82	5.35		
		全	4.60	3.29	4.20	4.03		
	70 克	小	8.30	10.87	14.16	11.1		
		无	10.00	4.43	4.33	6.25		
		尾	3.49	4.92	3.44	3.95		
		全	6.91	2.71	4.71	4.78		
	100 克	小	6.70	7.60	4.79	6.36		
		无	7.35	5.00	9.23	7.19		
		尾	7.40	5.25	8.58	7.08		
		全	5.46	5.36	7.25	6.02		
空中之王纸飞机	80 克	小	5.80	5.85	5.48	5.71	孙涵博	
		无	3.55	3.37	4.56	3.83		
		尾	2.77	4.28	3.42	3.49		
		全	8.92	8.64	12.45	10.00		
	70 克	小	6.48	4.45	4.25	5.06		
		无	4.85	5.55	3.02	4.47		
		尾	2.26	2.50	2.86	2.54		
		全	5.66	6.06	4.93	5.53		
	100 克	小	5.28	5.55	5.60	5.58		
		无	6.87	6.65	5.50	6.34		
		尾	3.40	3.45	2.27	3.04		
		全	7.35	9.50	7.05	7.97		
Paperang 纸飞机	80 克	小	3.44	3.95	2.70	3.36	孙涵博	
		无	5.37	4.56	4.47	4.80		
		尾	3.91	2.88	3.86	3.55		
		全	3.62	4.05	2.84	3.50		
	70 克	小	2.50	2.59	2.69	2.59		

机型			飞行距离				测试者	备注
			第 1 次	第 2 次	第 3 次	平均值		
Paperang 纸飞机	70 克	无	5.30	4.51	4.62	4.81	孙涵博	
		尾	2.57	3.28	3.20	3.02		
		全	2.23	2.04	2.00	2.09		
	100 克	小	2.33	2.02	1.76	2.04		
		无	4.38	2.97	4.23	3.86		
		尾	4.42	4.40	3.80	4.21		
		全	3.77	3.23	2.60	3.20		

五、分析与结论

（一）空中之王机型

1. 单独加了小翼的飞机在飞行的时候，容易偏离直线。
2. 单独加了尾翼的飞机在飞行的时候，容易转圈。
3. 同种机型，重量越轻，飞行距离越近。
4. 同时加尾翼和小翼的飞机，飞行距离最远。

（二）Paperang 机型

1. 这种机型机头较重，飞行距离普遍较近。
2. 由于这种机型自重较大，因此不加尾翼和小翼的飞机飞行距离最远。

（三）复仇者纸飞机

这种飞机增加小翼较好，对飞行有很大的帮助。

（四）DC03 纸飞机

增加小翼飞行效果显著。

大总结：此总结的数据根据是测试出的平均数

	小翼	尾翼	不加	都加
复仇者纸飞机	2 次	0 次	1 次	0 次
DC03 纸飞机	2 次	0 次	1 次	0 次
空中之王纸飞机	0 次	0 次	0 次	3 次
Paperang	0 次	1 次	2 次	0 次
一共	4 次	1 次	4 次	3 次

如上表所示，增加尾翼或者都加只会对一种机型有效。增加小翼对两种机型有效，不增加对 3 种机型都有效。

排名：1. 不增加；2. 小翼；3. 都增加；4. 尾翼。

六、建议

1. 因为时间的关系，本次实验是我们两个人分工合作，分别制作和试飞了两个机型。如果两个人能都分别完成 4 种机型的制作和试飞，实验数据能表现出试飞人的不同产生的差异，可能会很有意思。实验数据也应该会更客观。

2. 由于有的家长在试飞结束后也参与了掷飞机的玩耍，感觉成人投掷的飞机在飞行距离、滞空时间上明显超过孩子，感觉飞机出发时的速度、角度，以及离地的高度对飞机飞行距离有很大的影响，如果这次指定一个家长作为“试飞员”，实验数据可能会更客观。下一步再做实验的时候，也可以买一个纸飞机发射器发射飞行，跟人工飞行的结果进行比对，使实验更加全面，结果更有说服力，结果也更精确。

七、收获体会

1. 分工协作的重要性

在繁忙的学校学习和课外辅导班以外，能够在有限的时间内完成这项实验，是我们两人分工协作的结果。另外，实验时只用了两个小时就测试完也来源于两人的分工。

2. 世上无难事，只怕有心人

通过这次实验，我们深深感受到完成一项工作的不容易，从选题，设计方案，购买工具，选择实验场地，方方面面需要投入不少的时间、金钱和精力，但是也收获了工作完成后的喜悦，锻炼了科学精神，让我们俩对未来未知的领域充满了好奇和希望去探索的兴趣。

八、下一步工作方向

这一次只试验了 4 种机型在侧翼和尾翼两个变量下，3 种不同重量的纸张折成的飞机的飞行距离，希望下一次能够增加机型和变量，需要好好动动脑子，当然上面也提到了，下次要招募个“试飞员”，让家长们更深度地参加我们的实验，也让我们的实验结果能够更加客观。

九、致谢

感谢北京第二实验小学的甄老师在整个实验过程中对我们的悉心指导，感谢北京市西城区科技馆的闫老师在方案设计等方面对我们提供的无私帮助，同时，非常感谢我们的爸爸、妈妈在繁忙的工作之余，给予我们精神上的鼓励和后勤保障的支持。

十、参考文献

［1］《不可思议的纸飞机》，航空工业出版社，王勋邦，2009-8-1；

［2］“2015 年北京市海淀区竞赛规则”；

［3］“新人玩纸飞机的帮助第一期”，来源：百度贴吧 - 纸飞机吧；

［4］《纸飞机大全》，于清峰主编，漓江出版社，2014 年 3 月版；

［5］《全世界孩子都爱玩的纸飞机》，李贝宁著，辽海出版社，2014 年 2 月版；

［6］《超级纸飞机》[美] 肯·布莱克布恩、杰夫·拉默斯著，杨超译，新星出版社，2015 年 8 月版；

［7］《世界经典纸飞机大全》，李贝宁编著，辽宁少儿出版社，2015 年 7 月版。

备注：参考这些书籍或资料我们只参考了纸飞机的叠法和规则。

再次需要细致补充和调整的内容包括：

一、参考文献

文中直接引用的才需要写，小学生的参考文献一般不用超过 5 篇，可以删减；参考文献的格式也需要规范。

二、论文缺少大量的图片

（1）飞机模型图（说明在飞机的哪些位置进行修改和要对具体什么位置进行测试，可以用线条图表示，也可用手绘或者标准工业制图，或者对照折出来的纸飞机进行拍照，然后添加文字的方式标注）。

（2）展示实验过程各个阶段的图。

（3）除了统计的表格外，有无分析时使用的统计图。

（4）前面还要有一个研究流程图，使人一眼就能看懂整个研究的步骤，非常清晰，方便评委了解整个研究设计。因人而异，根据自己的项目决定自己研究的流程图什么风格，明确内容就好。另外，一定要有自己的特点，不同寻常。

（5）建议题目改为“翼尖小翼和辅助尾翼对 4 种纸飞机滑翔效果的影响”。

（6）建议实验方法减少人为因素干扰，飞机启动方式建议改“手抛”为“划出”。

（7）建议不要用不同的纸张，只用 70 克复印纸，每种飞机折叠 10 架，每架每种形态飞 20 次，比测飞行时长不是距离。

最终版研究报告

【摘要】翼尖小翼和辅助尾翼改变了纸飞机飞行中的空气动力。但翼尖小翼和辅助尾翼究竟对飞行有什么样的影响，研究者选取了 60 克、70 克纸和 100 克纸作为材料，制作了“复仇者”“DC03”“空中之王”和“Paperang”4 种机型的纸飞机，分别增加了翼尖小翼和辅助尾翼。通过两次测试，取得了 944 个数据，经过对比分析，对小翼和尾翼对飞行的影响进行研究。

【关键词】纸飞机　翼尖小翼　辅助尾翼

一、研究背景

我们外出旅行时，乘坐的飞机通常是空客 323、空客 320 或者波音 737、波音 747 等，就问爸爸、妈妈，为什么很少有中国制造的飞机？后来看新闻，知道我们国家也要制造大飞机 C919，并且很快就要试飞了！我们很兴奋。前不久，学校组织给航天员叔叔写信，说是神舟十一号发射时，由航天员叔叔带到太空去！这些都使我们对飞机和飞行产生浓厚的兴趣。同时，我们都喜欢折纸，曾经折过很多纸枪、纸大炮、纸坦克、纸飞机。飞机的型号很多，我们发现许多纸飞机在折叠时需要增加翼尖小翼或辅助尾翼，这样真的可以使纸飞机飞行得更好吗？它们对飞机的飞行有什么影响？为了解决这个问题，我们就确定选择纸飞机这个课题，在老师和家长的帮助下做一些研究。

二、研究目的

1. 初步了解翼尖小翼、辅助尾翼的作用。

2. 通过实验去研究增加翼尖小翼、辅助尾翼能否让纸飞机飞得距离更远、滞空时间更长。

3. 进一步了解纸飞机的飞行原理。

三、研究方法、研究计划及任务分工

（一）研究方法

研究方法	内容	目的
查阅资料法	阅读相关书籍和资料	了解纸飞机的知识
		了解“复仇者”“DC03”“空中之王”和“Paperang”4种机型的纸飞机
		了解翼尖小翼和辅助尾翼的相关知识
问卷调查法	通过“问卷星”网络调查发放纸质调查问卷	调查人们对纸飞机的了解程度
		对翼尖小翼和辅助尾翼的认知程度
		对纸飞机飞行距离和滞空时间的认识
实验测试法	试飞，测算，真实记录数据	为对比分析提供直接的依据
数据分析法	对测算的944个数据结果进行分析	通过对数据结果进行统计分析，得出结论

（二）研究计划

阶段名称	主要内容
准备阶段	1. 通过网上、图书馆查找或者自己购买和纸飞机有关的书，研究纸飞机的折法；
	2. 在老师指导下学习制作多种型号的纸飞机；
	3. 选购不同型号的纸；
	4. 准备工具有直尺、剪刀、温度计、湿度计、秒表、卷尺、刻度绳等；
	5. 制作纸飞机。
实验调查阶段	1. 飞行距离测试，记录数据；
	2. 飞行滞空时间测试，记录数据；
	3. 发放调查问卷，收集整理，再次补充发放问卷，再整理；
	4. 整理数据。
论文阶段	1. 对比、分析大量的数据；
	2. 撰写论文并一遍遍修改。

（三）任务分工

准备阶段：两人共同商定研究课题，分头查阅资料，讨论；学习纸飞机的制作，选购不同纸张；共同制作不同纸张、不同型号纸飞机共计128架。

实验调查阶段：陈嘉莘负责“复仇者”“DC03”型号纸飞机的测试、数据的记录和整理以及结果分析；孙涵博负责“空中之王”“Paperang”纸飞机的测试、数据的记录和整理以及结果分析。

论文阶段：两人按照论文提纲分别完成初稿后，整合成一个完整版论文，经多次共同讨论修改后定稿。

第一步：飞行距离测试

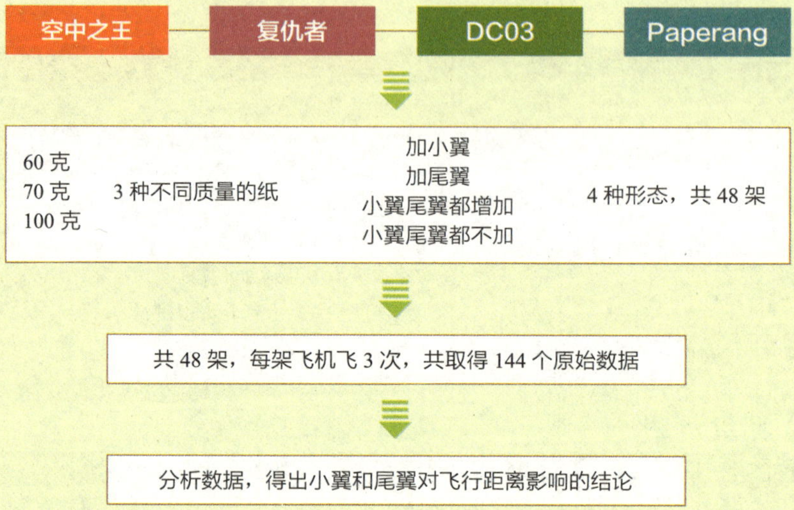

第二步：滞空时间测试

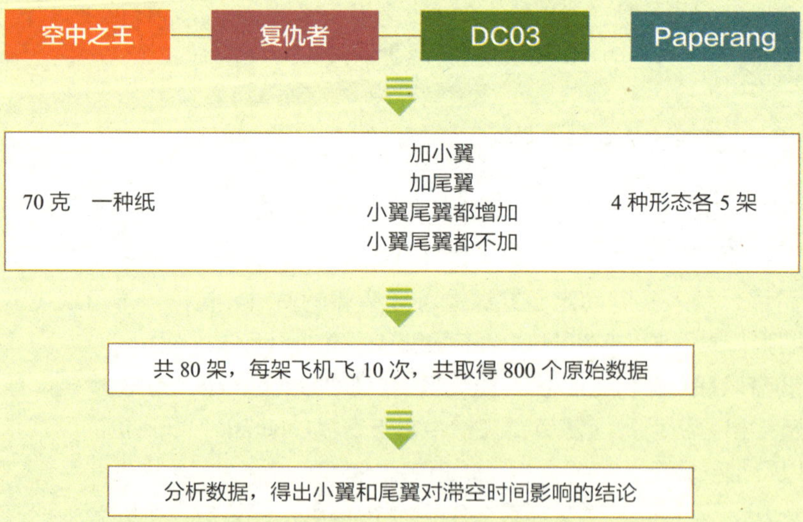

图 1 研究流程图

四、研究过程和研究结果

（一）研究过程

1. 知识准备

（1）辅导老师讲解纸飞机的相关知识；

（2）读多本关于纸飞机的书；

（3）网上查阅关于纸飞机的文章；

（4）暑假外出，在机场观察不同的飞机；

（5）乘坐飞机时，选靠窗座位，观察飞行中的机翼。

2. 原材料和辅助工具准备

（1）60 克 A4 蓝色、70 克 A4 白色和 100 克 A4 蓝色纸。测试在不同质量纸的情况下，翼尖小翼、辅助尾翼对飞行的影响；选择使用不同颜色的纸张，便于在测试中识别；

（2）温湿度计、卷尺、剪刀、秒表（用手机上的秒表）等工具；

（3）白色塑料绳，做成 5 米和 10 米的刻度绳。

3. 选择机型

我们选择了 4 种机型，分别是：“复仇者”“DC03”“空中之王”和“Paperang”纸飞机。这是最具有代表性的四大类型，飞得非常远，滞空时间也很长，我们特别喜欢。

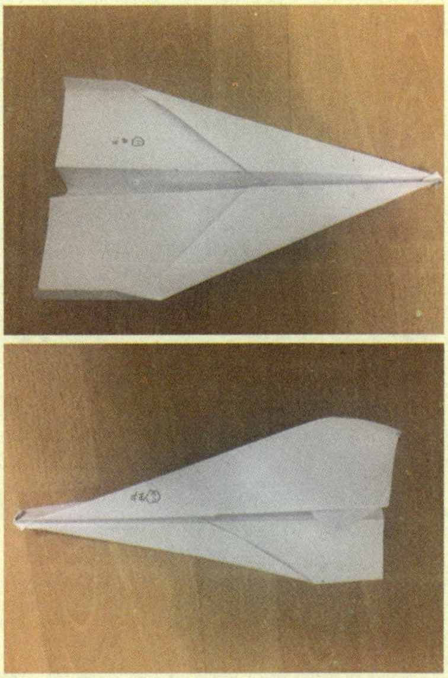

图 2　我们制作的“复仇者”纸飞机

机型	特点
复仇者	由英国利兹大学 3 名学生设计；结构简洁，样式优美，实现了复杂的空气动力学原理与简易的设计风格的完美平衡；飞行距离可超过 30 米，滞空时间在 20 秒左右；比较容易制作。
DC03	据称是世界上最好的纸飞机，有巨大的滑翔翼，是一种典型的滑翔机。
空中之王	2009 年 4 月由日本折纸飞机协会主席户田拓夫创作；制作简单，但它创造了纸飞机滞空时间的世界纪录，达到 27.9 秒。
Paperang	是根据滑翔机的空气动力学制作的类似于隐形轰炸机的纸飞机，飞行稳定，但由于使用了订书钉，无法参加纸飞机比赛。

4. 制作纸飞机

纸飞机制作是很重要的环节。我们严格按照流程制作标准性的飞机，但为了测试翼尖小翼和辅助尾翼的作用，在标准型的基础上，我们对4种纸飞机进行了改造。于是，每种纸飞机都有了4种形态，即单独翼尖小翼（简称“小”或“小翼”）、单独辅助尾翼（简称“尾”或“尾翼”）、翼尖小翼＋辅助尾翼（简称“全”）、翼尖小翼和辅助尾翼均无（简称“无”）。

图3　翼尖小翼（图示部分）

图4　辅助尾翼（图示部分）

对于第一次测试，我们分别用3种不同的纸来折叠每种机型、每种形态的飞机，共制作完成4×4×3＝48架纸飞机。

对于第二次测试，为了更准确地把研究问题聚焦在小翼和尾翼对飞行的影响上，按照辅导老师的建议，改为选用一种70克的A4纸来折叠；为减少测试误差，每种机型、每种形态各制作5架，共制作完成4×4×5＝80架纸飞机。

5. 排除干扰因素

通过学习讨论和请教，我们总结出纸飞机飞行的影响因素主要有四大类：一是飞机自身结构、二是实验环境、三是实验人员、四是测量方法。为减少误差，我们对上述因素分别作了如下控制。

影响因素	控制措施
飞机结构	1. 严格按照程序制作标准机型；
	2. 测试前，对每一架纸飞机都认真整理，保证飞机不变形。
实验环境	1. 室内进行，减少风速、湿度、温度的影响；
	2. 同一类测试在同等温度、湿度下一次完成。
实验人员	1. 站在同一个位置；
	2. 保证体力充沛，精力集中、专注；
	3. 同一组测试由同一个测试人员完成。
测试方法	1. 保持同样的起飞角度，即0°角划出起飞；
	2. 在推力上，由于纸飞机的形状不一样，无法采用同一种发射装置，所以在多次练习后，采用人工划出，使用相同力度；
	3. 增加测试次数。

6. 实地测试

我们做的测试分为两类，一是飞行距离测试；二是滞空时间测试。

测试类型	测试地点及条件	测试飞机数量 / 架	测试时间 / 分钟	测试方法	测试次数	取得数据个数 / 个
飞行距离测试	森源体育馆 风速：0 温度：20℃ 湿度：71%	48	120	测试划出点与落地点的直线距离，然后测量记录数据	每架飞 3 次 共 48×3 = 144 次	144
滞空时间测试	新华社大厦 风速：0 温度：15 ～ 16℃ 湿度：50%	80	150	固定位置和飞行方向，用同样的力度、角度划出；用秒表记录数据	每架飞 5 次 共 80×5 = 800 次	800

7. 数据统计

我们的测试初步得到的是 144 ＋ 800 ＝ 944 个数据，在初步数据的基础上，我们分别进行求平均值，对于第一次得到的 144 个数据，通过求平均值，取得 48 个数据；对于第二次得到的 800 个数据，通过求平均值，取得 16 个数据。通过反复多次测和求平均值，我们最大限度地保证了数据的客观性和真实性。

（二）研究结果

测试过程中，我们对每一个数据都进行了认真记录，精确到小数点后两位数字；测试完成后，绘制表格进行统计（见附件 1 和附件 2）。通过对结果的记录和统计，我们感觉对于研究的信心也逐步增强，结合日渐丰富的纸飞机知识，分类别、分层次对数据结果加以分析，逐步形成自己的结论。

五、分析与结论

机型	影响
空中之王	1. 单独加了小翼的飞机在飞行的时候，虽然容易偏离直线，但滞空时间仍然明显延长；
	2. 机型重心较为靠前，增加尾翼对其滞空时间的延长最为明显；
	3. 同种机型，重量越轻，飞行距离越近；
	4. 同时加尾翼和小翼的飞机，飞行距离最远，滞空时间最长，而既无小翼和尾翼的，滞空时间最短。
Paperang	1. 由于本身是滑翔机型，增加小翼无助于滑翔，因此滞空时间不但没有增加，反而减少；
	2. 单独增加尾翼同样无助于滑翔，滞空时间也减少了；
	3. 不加尾翼和小翼的飞行距离最远。

机型	影响
复仇者	1. 原结构较简洁，增加小翼或尾翼，对其滞空时间都有改善；
	2. 增加小翼较好，对飞行距离改善明显，对滞空时间的改善也最为明显；
	3. 同时增加小翼和尾翼，滞空时间明显增加。
DC03	1. 本身是滑翔机，小翼或尾翼对滞空时间的改善不显著，反而有时出现减少；
	2. 机型全部增加小翼和尾翼能使滞空时间延长，可是增加后飞机在空中盘旋的现象比较突出，对飞行距离有不好的影响。

结论：众所周知，飞机在飞行时机翼下方的压力比机翼上方的压力大，当上下两侧的气流在翼尖汇合时，会形成乱流，翼尖小翼主要用途是减少翼尖产生的乱流，减少飞机所承受的阻力。但从实验上看，翼尖小翼并不适合所有类型的纸飞机，特别是对滑翔机型，如"DC03"和"Paperang"，不但没有明显改善，甚至还会减少滞空时间。但翼尖小翼对于原有结构相对简洁的"复仇者"和"空中之王"，则起到了稳定气流、减少诱导阻力的作用，提升了效率。

同样，辅助尾翼对纸飞机能起到稳定和平衡作用，但实验结果表明，并不是所有类型的纸飞机都得到改善，总体来看对"复仇者""空中之王"改善较为明显。

因此，我们认为，以后制作纸飞机时，类似于"复仇者""空中之王"之类的纸飞机，可以尝试增加翼尖小翼或者辅助尾翼，但对于"DC03""Paperang"等类型的纸飞机则没有太大必要。

六、建议

1. 由于这 4 种纸飞机本身都是比较成熟的机型，对它们改进的余地比较小，测试证明，增加翼尖小翼和辅助尾翼的作用对比不明显。以后可以考虑采用其他机型进行改造测试，可能会有不同的结果。同时，对小翼和尾翼的影响，如果测试飞行的轨迹，可以从另外一个角度进行研究。

2. 因为时间的关系，本次实验我们两人分工合作，分别制作和试飞了两个机型，如果时间充足，两人可分别完成 4 个机型的制作和试飞，实验数据应该能体现出因试飞者不同产生的差异，可能会更有说服力，实验数据也更客观。

3. 我们曾要求家长在试飞结束后参与了掷飞机的游戏，由此发现成人投掷的纸飞机在飞行距离、滞空时间上明显超过孩子的投掷，也由此推测飞机出发时的速度、角度以及距地面的高度对飞行有很大的影响。下一步再作实验的时候，也可以发明、制作一个纸飞机发射器发射飞行，届时可以与人工发射飞行的结果进行比对。

七、收获体会

1. 体会到分工协作的重要

在繁忙的学校学习和课外辅导班以外，能够在有限的时间内完成这项实验，是我们两人分工协作的结果。另外，各个不同阶段的高效率也来源于两人的分工协作。

2. 体会到努力钻研的喜悦

我们深深感到完成一项工作的不容易，从选题、设计、各种准备到实地测试、分析判断，方方面面需要投入大量的时间、金钱和精力，但是，我们收获了紧张钻研完成计划任务后的喜悦，收获了用实验验证疑惑问题的兴奋，锻炼了科学精神，增强了对未来未知领域的探索能力，提升了探索的乐趣。

八、研究展望

希望下一步的研究能够增加机型和变量，在测试的方向上，如飞行轨迹等，仍准备继续深入思考；下次考虑招募增加“试飞员”，让家长们更深度地参与我们的实验，以增加比对数据，也让我们的实验结果更加客观、有趣。

九、致谢

感谢北京第二实验小学的甄奕老师在整个研究过程中对我们的悉心指导和培训，感谢北京市西城区科技馆的闫莹莹老师在诸多环节给予我们的讲解、纠正和帮助，感谢北京市西城区科技馆的郝冀老师给予我们的良好的建议，同时，感谢我们的爸爸、妈妈在繁忙的工作之余，给予我们精神上的鼓励和后勤保障。

十、参考文献

[1] 王勋邦 . 不可思议的纸飞机 [M]. 北京：航空工业出版社，2009.

[2] 新人玩纸飞机的帮助第一期 [OL]. 百度贴吧 - 纸飞机吧 .

[3] 于清峰 . 纸飞机大全 [M]. 桂林：漓江出版社，2014.

[4] 李贝宁 . 全世界孩子都爱玩的纸飞机 [M]. 沈阳：辽海出版社，2014.

[5] [美] 肯·布莱克布恩、杰夫·拉默斯著 . 超级纸飞机 [M]. 杨超译 . 北京：新星出版社，2015.

[6] 李贝宁 . 世界经典纸飞机大全 [M]. 沈阳：辽宁少儿出版社，2015.

附件 1：飞行距离测试结果一览

测试时间： 2016 年 10 月 7 日（星期五）上午 10:00—12:00

测试地点： 北京森源体育馆

天气： 雨 **温度：** 20 ～ 22℃ **湿度：** 71% **单位：** 米

机型	纸型	形态	飞行距离				测试者
			第 1 次	第 2 次	第 3 次	平均值	
复仇者	60 克	小	9.36	5.36	3.00	5.91	陈嘉莘
		无	8.37	8.67	7.10	8.05	
		尾	5.10	4.03	5.94	5.02	
		全	4.43	6.27	6.04	5.58	
	70 克	小	9.12	6.36	6.42	7.30	
		无	4.31	6.78	3.90	5.00	
		尾	8.87	6.34	5.91	7.04	
		全	6.70	6.63	6.87	6.73	
	100 克	小	9.92	10.60	12.29	10.94	
		无	7.83	8.84	7.66	8.11	
		尾	6.31	5.91	6.68	6.30	
		全	8.31	7.31	11.23	8.95	
DC03	60 克	小	5.70	7.00	7.30	6.67	陈嘉莘
		无	4.69	5.00	6.31	5.33	
		尾	7.02	4.20	4.82	5.35	
		全	4.60	3.29	4.20	4.03	
	70 克	小	8.30	10.87	14.16	11.1	
		无	10.00	4.43	4.33	6.25	
		尾	3.49	4.92	3.44	3.95	
		全	6.91	2.71	4.71	4.78	
	100 克	小	6.70	7.60	4.79	6.36	
		无	7.35	5.00	9.23	7.19	
		尾	7.40	5.25	8.58	7.08	
		全	5.46	5.36	7.25	6.02	
空中之王	60 克	小	5.80	5.85	5.48	5.71	孙涵博
		无	3.55	3.37	4.56	3.83	
		尾	2.77	4.28	3.42	3.49	
		全	8.92	8.64	12.45	10.00	

机型	纸型	形态	飞行距离				测试者
			第 1 次	第 2 次	第 3 次	平均值	
空中之王	70 克	小	6.48	4.45	4.25	5.06	孙涵博
		无	4.85	5.55	3.02	4.47	
		尾	2.26	2.50	2.86	2.54	
		全	5.66	6.06	4.93	5.53	
	100 克	小	5.28	5.55	5.60	5.58	
		无	6.87	6.65	5.50	6.34	
		尾	3.40	3.45	2.27	3.04	
		全	7.35	9.50	7.05	7.97	
Paperang	60 克	小	3.44	3.95	2.70	3.36	孙涵博
		无	5.37	4.56	4.47	4.80	
		尾	3.91	2.88	3.86	3.55	
		全	3.62	4.05	2.84	3.50	
	70 克	小	2.50	2.59	2.69	2.59	
		无	5.30	4.51	4.62	4.81	
		尾	2.57	3.28	3.20	3.02	
		全	2.23	2.04	2.00	2.09	
	100 克	小	2.33	2.02	1.76	2.04	
		无	4.38	2.97	4.23	3.86	
		尾	4.42	4.40	3.80	4.21	
		全	3.77	3.23	2.60	3.20	

附件 2：滞空时间测试结果一览表

测试时间： 2016 年 10 月 22 日（星期日）上午 10:00—12:30

测试地点： 新华社一楼大厅

天气： 晴　**温度：** 15 ～ 16℃　**湿度：** 50%　**单位：** 秒

机型	复仇者				DC03				空中之王				Paperang			
形态	小	无	尾	全	小	无	尾	全	小	无	尾	全	小	无	尾	全
1	02.54	01.50	01.78	01.62	03.20	02.10	01.40	01.51	02.41	01.72	01.43	03.03	01.86	01.83	01.72	02.28
2	02.23	01.23	01.44	01.35	01.53	01.55	02.61	01.60	01.47	01.04	01.56	02.40	01.80	02.01	01.63	01.68
3	01.51	01.88	01.16	01.88	01.10	01.68	01.31	02.04	01.27	01.62	01.36	02.93	02.02	01.82	01.35	01.39
4	02.93	01.29	01.22	02.29	02.69	01.10	02.60	02.51	02.22	01.35	01.18	02.16	01.98	01.45	01.60	01.56
5	01.67	01.69	01.52	01.19	02.20	01.45	00.68	02.44	01.37	01.03	01.81	04.22	02.02	01.08	01.40	01.45
6	02.61	01.71	01.43	01.27	02.36	01.61	02.13	02.73	01.19	01.18	01.13	03.75	01.86	01.39	−1.23	01.67
7	02.76	01.63	01.71	01.97	01.50	01.25	01.35	01.46	01.88	00.96	00.90	02.21	01.78	01.20	01.45	01.38
8	01.77	01.35	02.23	01.36	01.72	01.61	01.26	01.58	01.06	00.83	00.85	03.48	01.38	01.28	01.23	01.53
9	01.97	01.27	01.46	02.10	02.72	01.76	01.60	01.45	02.77	00.68	01.82	01.76	01.25	01.10	01.18	01.70
10	01.35	01.52	02.43	03.65	02.21	01.45	00.93	01.46	02.08	01.10	01.43	04.32	01.21	01.51	01.86	01.83
11	02.12	01.96	01.13	02.21	02.38	01.96	00.86	02.19	02.64	01.08	01.31	01.76	01.99	01.01	01.45	01.52
12	02.30	01.47	01.15	02.22	02.15	01.93	02.46	02.51	01.69	01.40	01.60	01.32	01.76	01.20	01.40	01.43
13	02.21	01.40	01.08	01.95	03.96	01.92	01.66	01.18	01.85	00.98	01.02	03.08	01.66	01.96	01.42	01.76
14	02.18	01.37	02.04	01.23	02.68	01.83	03.10	01.48	03.21	01.08	02.03	03.50	01.65	02.23	01.80	01.81
15	01.62	01.00	01.89	01.17	01.58	02.10	00.90	01.45	01.56	01.01	01.80	03.78	01.76	01.85	01.53	01.95
16	01.73	01.92	02.22	01.86	01.20	01.83	01.38	01.25	01.38	00.81	01.88	02.96	01.30	01.95	01.90	01.25
17	01.25	01.21	03.08	02.87	01.56	03.78	01.30	02.61	01.84	01.00	01.41	01.27	01.16	01.66	01.71	01.54
18	04.44	01.02	02.51	02.67	02.05	06.77	00.96	03.06	01.30	00.90	02.51	01.38	01.36	00.96	01.45	01.53

机型	复仇者				DC03				空中之王				Paperang			
形态	小	无	尾	全	小	无	尾	全	小	无	尾	全	小	无	尾	全
19	02.85	01.68	03.40	02.25	01.76	01.33	01.40	02.63	02.82	01.06	01.85	01.33	01.50	01.45	01.64	02.10
20	03.16	01.10	02.74	01.80	01.87	01.43	01.73	01.88	01.21	01.38	02.32	02.12	01.33	01.20	01.58	01.72
21	01.78	01.43	02.41	02.93	01.62	01.62	01.56	02.25	01.07	01.10	02.70	01.41	01.23	01.82	01.40	01.45
22	01.96	01.58	03.90	02.47	01.97	03.85	01.78	01.53	02.22	01.55	03.03	01.20	01.38	01.63	01.38	02.18
23	03.08	01.37	01.96	01.99	02.24	01.21	00.83	01.63	01.90	01.36	02.48	01.76	01.48	01.53	01.35	02.36
24	01.02	01.30	01.62	02.33	03.04	02.30	01.50	02.06	01.85	01.44	03.86	01.30	01.36	01.86	01.53	01.56
25	01.04	01.39	02.26	01.53	01.48	01.70	01.38	01.47	01.62	01.28	01.50	02.11	01.46	01.28	01.56	02.30
26	01.80	00.87	01.64	01.11	01.71	03.29	01.81	01.32	01.90	02.58	01.18	01.42	01.60	01.53	01.30	01.61
27	02.05	01.06	01.47	01.15	01.56	02.15	02.38	02.09	02.14	01.30	02.53	01.59	01.13	02.23	01.73	01.58
28	01.73	01.42	02.01	01.30	01.78	01.32	01.91	02.15	01.96	01.56	01.03	01.45	01.30	02.30	01.82	02.63
29	02.13	01.35	01.12	02.20	01.65	01.35	02.61	01.90	01.15	02.55	01.40	02.40	00.76	01.53	01.56	01.90
30	02.21	01.32	01.19	01.88	01.82	01.48	02.26	01.69	01.30	00.85	01.50	03.32	01.43	01.16	01.18	01.67
31	02.11	01.51	00.67	01.30	01.32	01.50	02.31	01.91	01.57	01.20	02.71	03.00	01.58	01.83	01.75	01.95
32	01.41	01.16	01.08	01.55	01.82	01.90	01.43	01.90	02.50	03.01	02.03	01.98	01.20	01.72	01.40	01.87
33	02.14	01.19	01.07	02.69	02.63	01.53	02.02	02.56	02.41	01.68	02.16	02.87	01.56	02.28	01.38	01.86
34	01.86	01.26	01.39	01.84	01.28	01.83	04.38	02.40	01.49	02.92	01.90	02.70	01.35	01.30	02.01	02.10
35	02.16	01.39	01.40	02.56	01.64	03.45	02.20	03.58	02.43	01.88	02.63	03.01	01.42	01.98	01.70	01.98

机型	复仇者				DC03				空中之王				Paperang			
形态	小	无	尾	全	小	无	尾	全	小	无	尾	全	小	无	尾	全
36	02.38	01.36	01.74	02.48	01.83	01.90	01.66	02.03	01.37	01.43	02.55	02.05	01.29	01.73	01.68	01.86
37	01.10	01.59	01.03	02.40	01.34	01.63	02.93	02.04	01.41	01.76	03.35	02.61	01.33	01.52	01.45	02.21
38	01.50	01.96	01.50	01.46	01.77	01.88	03.38	01.16	01.19	01.28	02.38	03.76	01.52	02.21	01.86	02.36
39	01.43	01.82	02.25	02.18	01.47	01.10	02.26	01.64	01.35	01.28	01.70	03.30	01.53	01.75	01.36	01.67
40	01.84	01.10	01.54	02.78	01.57	02.38	01.18	02.61	01.26	01.51	03.20	02.36	01.55	01.86	01.70	02.56
41	01.36	03.22	01.51	01.97	01.39	02.30	03.81	02.57	01.46	02.71	01.40	02.44	02.06	01.98	02.12	01.95
42	01.46	01.21	02.03	02.32	01.82	02.23	01.68	01.55	01.60	01.76	03.03	03.31	01.46	01.60	01.78	01.87
43	01.95	01.38	02.46	02.15	01.23	02.06	04.12	02.05	02.58	02.51	02.40	04.70	01.53	01.78	02.92	01.86
44	01.77	01.45	03.22	01.91	01.38	01.33	02.64	01.67	01.60	01.85	03.80	02.77	01.62	01.86	01.70	02.10
45	01.66	01.60	02.50	02.06	00.97	03.20	01.45	01.50	01.22	01.73	02.71	02.97	01.49	01.73	01.40	01.98
46	01.17	01.04	01.91	02.00	01.73	01.78	04.82	02.28	01.24	01.08	01.68	02.34	02.40	01.70	01.78	01.86
47	01.37	02.18	01.47	02.42	02.92	01.41	01.76	02.01	01.61	01.80	03.73	03.97	01.49	01.86	01.45	02.21
48	01.60	01.43	02.85	01.95	01.95	01.66	01.62	01.49	01.21	01.53	04.23	01.63	01.72	01.78	02.18	02.36
49	02.41	01.79	02.22	02.34	02.91	02.28	01.40	01.92	01.17	02.73	02.63	03.55	01.43	01.20	01.63	01.67
50	01.92	01.32	02.78	01.65	02.35	02.06	02.61	02.15	01.55	01.10	01.45	02.26	01.98	01.78	01.45	02.56
平均值	01.97	01.39	01.88	01.99	01.93	02.00	01.99	01.96	01.73	01.49	02.08	02.57	01.55	01.65	01.60	01.86

PPT 展示

我们的研究课题是“翼尖小翼和辅助尾翼对纸飞机飞行的影响”。

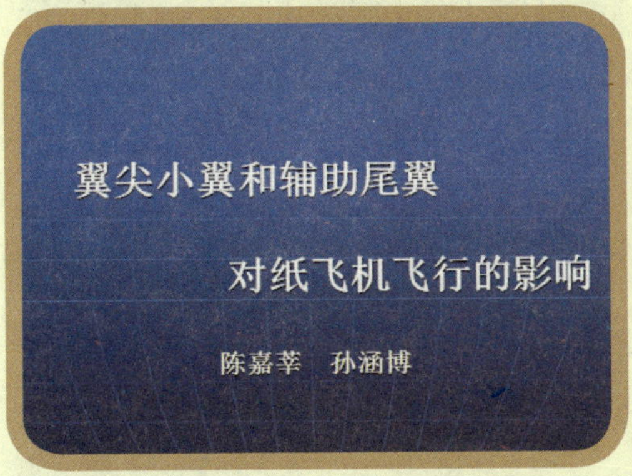

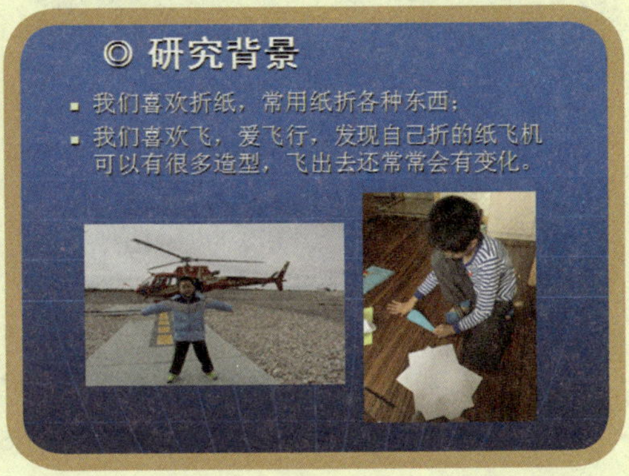

我们为什么要选择这个课题呢？飞机是我们最主要的交通工具。神州十一号发射时，学校还组织我们给航天员叔叔写信。另外我们都喜欢折纸，我们发现折好的飞机可以在造型上有很多变化，增加小翼或尾翼，飞出去会不一样。但是到底怎么不一样，是飞得更远还是飞的时间更长，为了解决这个问题，我们就决定一起好好研究一下。

我们选了 4 种有代表性的纸飞机，一是研究尾翼单独作用，小翼单独作用以及尾翼和小翼共同作用对纸飞机飞行距离和滞空时间的影响；二是我们一共折了 128 架飞机，进行了 944 次测试，测试非常充分。

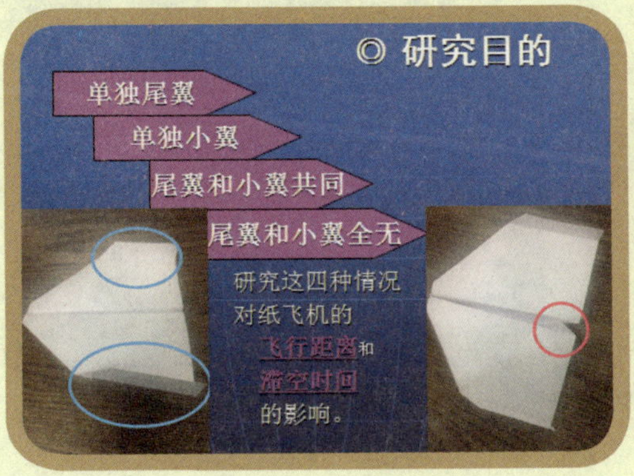

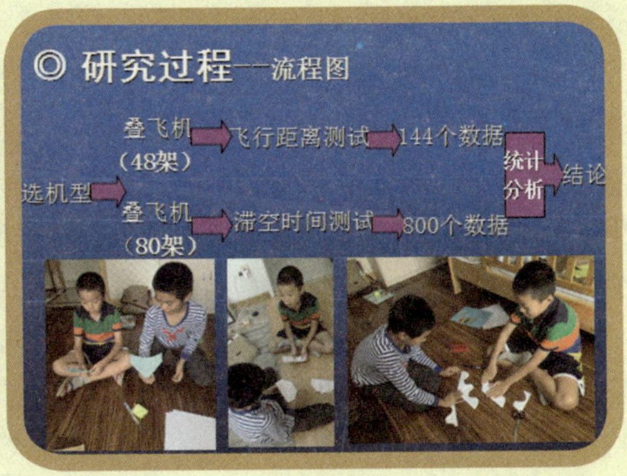

我们分头查阅资料，一起讨论，一起折飞机，到了实验阶段，我们每人负责两种机型的测试、数据整理和结果分析，然后共同写论文。

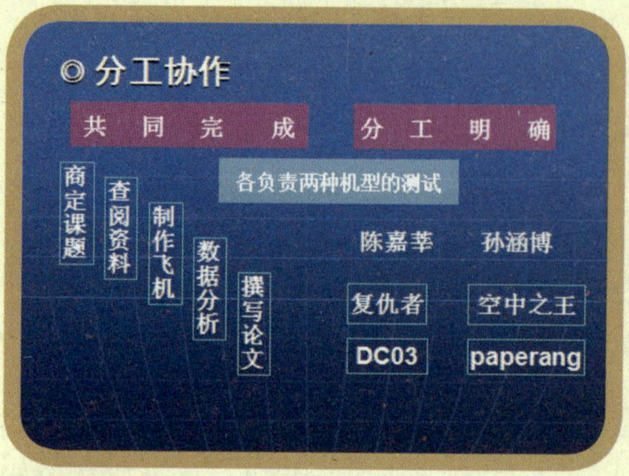

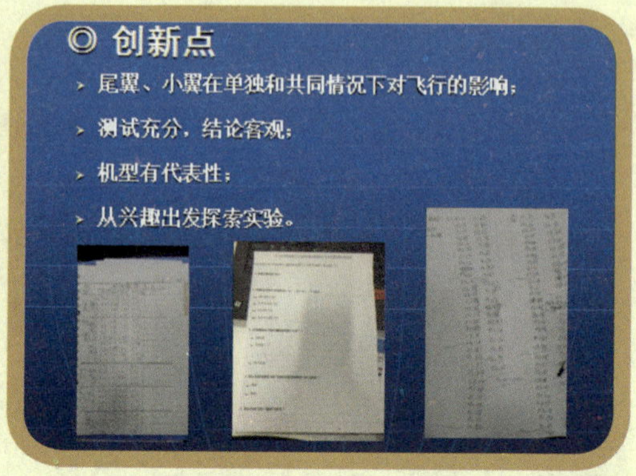

我们按照分工，先进行飞机距离测试，分别选了60克、70克和100克的纸，一共折了48架飞机。

通过测试，我们发现：同时加尾翼和小翼的飞机，飞行距离最远。Paperang 本身是滑翔机型，不加尾翼和小翼的飞行距离最远。“复仇者”结构简洁，增加小翼，飞行距离明显变远。“DC03”同时加小翼和尾翼，飞机会在空中盘旋，飞的距离并不远。

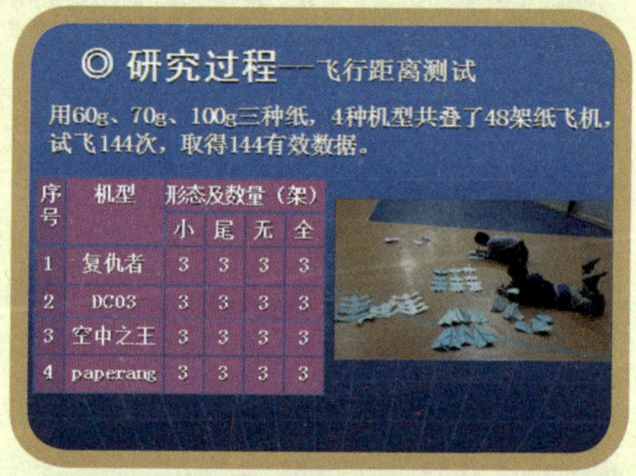

第二次，我们又进行了滞空时间的测试。这次我们只选择了一种70克的纸，共折了80架飞机。通过实验，我们看到：“复仇者”飞机，同时增加小翼和尾翼，滞空时间明显增加。“DC03”呢，单独增加小翼或尾翼对滞空时间影响不大。

同时加小翼和尾翼能使滞空时间变长。“空中之王”重心比较靠前，单独加小翼或尾翼，都能增加滞空时间，同时加，滞空时间最长。而小翼和尾翼对 Paperang 的滞空时间没什么影响，有时候反而变少了。

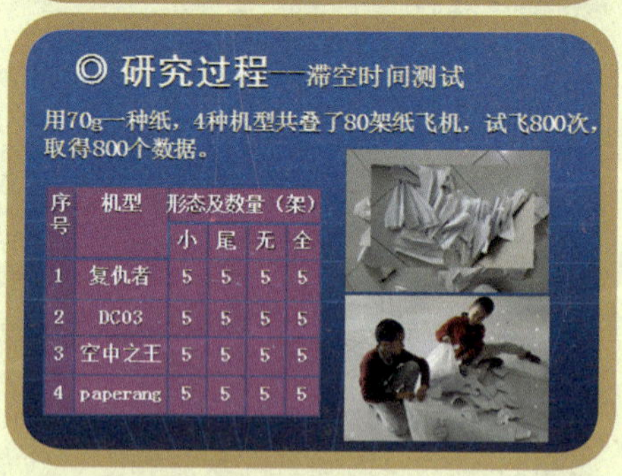

我们经过这次研究，收获很大。小翼主要用途是减少飞机所承受的阻力。但并不适合所有机型，特别是对滑翔机型，如“DC03”和“Paperang”，不但没有明显改善，甚至还会减少滞空时间。但小翼对于结构简洁的“复仇者”和“空中之王”，则起到了稳定气流、减少阻力的作用，提升了效率。

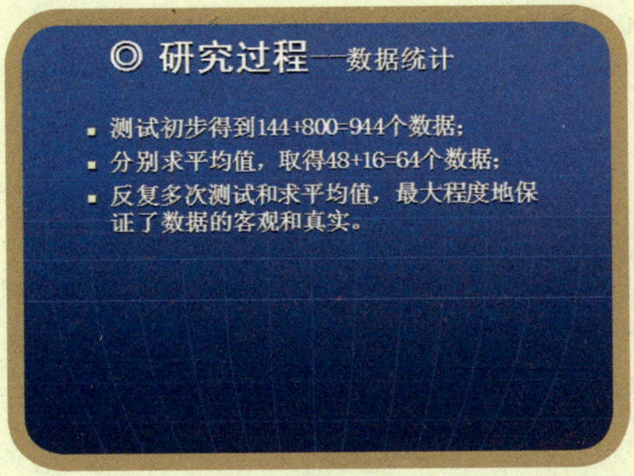

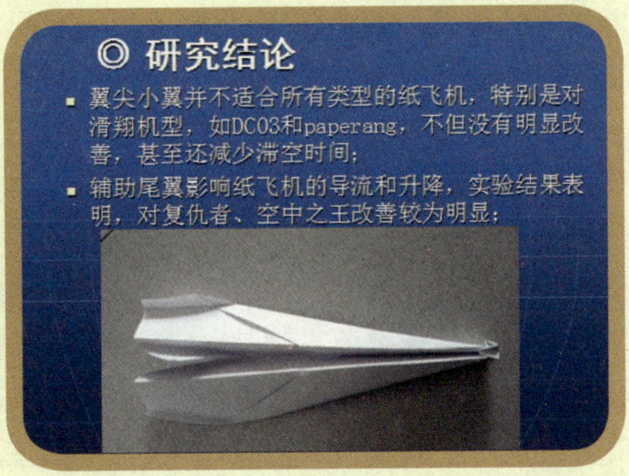

同样，尾翼对纸飞机能起到稳定和平衡作用，但实验结果表明，并不是对所有类型的纸飞机都有效，总体来看对“复仇者”“空中之王”改善较为明显。

各位老师，我们汇报完毕，谢谢大家。

科学研究故事

纸飞机放飞大梦想

1. 租球场却不打篮球的小学生

在做飞行距离测试时，我们租用了森源篮球馆作为测试场地。为了使测试环境更科学，测试数据更客观，我们向管理人员提出，在可能的情况下，我们旁边的场地也最好不要那么快出租。工作人员很疑惑：“你们打篮球，难道旁边的场地会影响你们，也不能打球？”但管理人员还是答应了。后来，管理人员发现，原来我们根本没有带来篮球，而是带来了各种各样的纸飞机，还有温度计、秒表、测量绳、卷尺等，他们这才明白我们是要做实验。最后，在管理人员的帮助下，我们确保了场地风速始终接近零，顺利地做完了当次测试。

2. 一丝不苟折纸飞机的心得

我们此次研究一共选择了“复仇者”“DC03”“空中之王”和“Paperang”4 种机型，每种机型要制作加装小翼，尾翼，小翼尾翼都增加，小翼尾翼都不增加 4 种模式，一共需要制作 128 架飞机，这可是个不小的工作量啊。刚开始制作纸飞机的时候，我们俩做好分工后，闷头苦干，一口气折叠了20几架飞机后，正想歇歇，发现问题来了：由于我们俩的折叠习惯不同，又没有充分沟通，导致制作的纸飞机虽然机型相同，但每一架纸飞机都有肉眼可见的差异。这样对于实验数据的准确性就会大打折扣。我们虽然及时发现了问题，但一想到已经好不容易折好了这么多飞机，要是重新来的话还真有点舍不得。后来我们俩经过商量，还是决定既然已经发现了问题，就一定不能蒙混过关。于是我们决定把这些折好的纸飞机全部作废，严格制作标准，每一个折叠的步骤都用尺子测量好，包括手指的力度也尽量保持一致。通过这次我们体会到：一是科学研究一定要有精益求精、一丝不苟的精神，在每个环节中的任何一点含糊都有可能带来最后结果的不客观、不准确。二是做任何事情，尤其是一个团队，即使是两个人的小团队，在做好分工的基础上，要保持充分的沟通，互通有无，才能心往一处想，劲往一处使，达到预期的效果。意识到这两点，虽然我们增加了制作纸飞机的工作量，但我们感到非常踏实，心里美滋滋的。

专家点评

通过制作纸飞机，可以看出无论我们做什么项目的研究，都要付出辛勤的劳动与汗水，他们能从大家都在玩的纸飞机中，寻找课题，从小养成对某种事物的探究性，也体现了团队精神的重要性。

2 关于可食用冰棍棒替代木质冰棍棒的调查研究

作　　者 / 白思邈
指导教师 / 甄　奕　王　喆

【**摘要**】冰棍棒作为城市木材废弃物之一，受技术水平的限制，主要采用垃圾焚烧的方式处理，基本上没有进行再生利用，既带来了环境问题，又产生了很大的资源浪费。本研究采用文献研究、专家访谈、问卷调查和探索性实验的方法对这一问题做了研究。根据研究的结果，绝大部分人对可食用冰棍棒持支持态度，可食用冰棍棒代替木质冰棍棒有较好的市场前景，冷饮生产厂家可以尝试开发可食用冰棍棒代替市面上的木质冰棍棒。可食用冰棍棒已有成熟的专利技术，雪糕及冰激凌行业的专业组织“中国饮料工业协会”应组织相关的企业和科研部分进行该项技术的论证和可行性实验，制定可食用冰棍棒的行业标准。中小学等教育机构在科学与环保类课程中可以增加相关内容，提高中小学生的环保意识。

【**关键词**】雪糕棒　木质冰棍棒　可食用冰棍棒　调查研究

一、研究背景

我喜欢吃冰棍。6 月的一天，天气特别热，我从冰箱里拿出一根冰棍吃了起来，真是太美味了！爸爸突然问我：“如果你每天吃两根冰棍，一个月要花多少钱？”我想了想说：“两根冰棍 6 块钱，一个月要花 180 元。”“除了花钱，还会有其他问题吗？”爸爸又问。我又想了想：“冰棍的包装纸和冰棍棒是不能吃的，可能会有些浪费吧？”爸爸说：“很对，你可以再仔细想想。”“对了，冰棍棒是木头做的，如果很多的冰棍棒加起来，会不会吃掉一棵大树？如果学校里所有同学都像我这样，那么一个夏天岂不是要吃掉很多棵大树？”

要是冰棍棒能吃掉那该多好，既不浪费木材，没准又增加了一种美味。可是这个主意可行吗？我带着这个问题，开始了研究。

（1）我国冰棍销量大，冰棍棒需要消耗大量木材

通过资料得知，2013 年，我国雪糕和冰棍的产销量就达到了 247.32 万吨，如果按照每支冰棍的平均重量 70 克计算，我国每年生产的雪糕和棒冰的数量约为 353 亿支，仅冰棍棒就需要消耗 8 万立方米木材，相当于每年要消耗 51 万棵大树，13.4 平方千米的森林。

（2）废旧木材再生利用技术落后

对于丢弃的冰棍棒，目前是怎么样处理的呢？我在网上查阅信息发现，北京市将丢弃的冰棍棒归到废旧木材类，主要采用垃圾焚烧的方式处理，基本上没有进行再生利用。我觉得这太可惜了，因此决定调查一下可食用冰棍棒的可行性。

二、研究目的

（1）希望能够了解人们对可食用性冰棍棒替代木质冰棍棒的看法；

（2）希望能够提供“技术上可实现可食用性冰棍棒”的科学依据；

（3）希望能够宣传新型可替代性材料，提升同学们的环保意识和观念。

三、研究进度安排与流程

1. 研究进度与时间安排

表 1　研究进度与时间安排

采用方式	时间	地点	内容
查阅文献资料	2016 年 5—10 月	家中（上网）、 图书馆	1. 查询冰棍棒相关材料
			2. 查询冰棍棒的生产过程
			3. 查询冰棍棒生产的规模、占地
			4. 计算冰棍棒的数量、成本
			5. 计算冰棍棒使用的木材数量
			6. 查询相关专利
			7. 查询可食用餐具资料
动手制作	2016 年 6—7 月	家中	根据自己的喜好，买来模具自己制作冰棍
实地观察访谈	2016 年 6 月 14 日	勤家便利超市	去观察目前销售的冰棍的品牌，冰棍成分和价格
	2016 年 8—9 月	永辉超市、社区超市	调研销售人员、顾客，了解他们对可食用冰棍棒的态度，征求他们对可食用冰棍棒的意见
		社区旁冷饮店	
		家附近便利店	
问卷调查	2016 年 8—9 月	北京第二实验小学、 地铁	设计了可食用冰棍棒的学生问卷和社会问卷，调查北京第二实验小学
探索性实验	2016 年 9—10 月	北京市西城区科技馆	不同食材糖饱和溶液结晶实验
数据统计分析	2016 年 9—10 月	家中	把调查问卷结果录入电脑，使用 SPSS 软件对结果进行统计分析
撰写报告	2016 年 10 月	家中	根据研究的结果，得出研究的结论并撰写报告

2. 研究流程

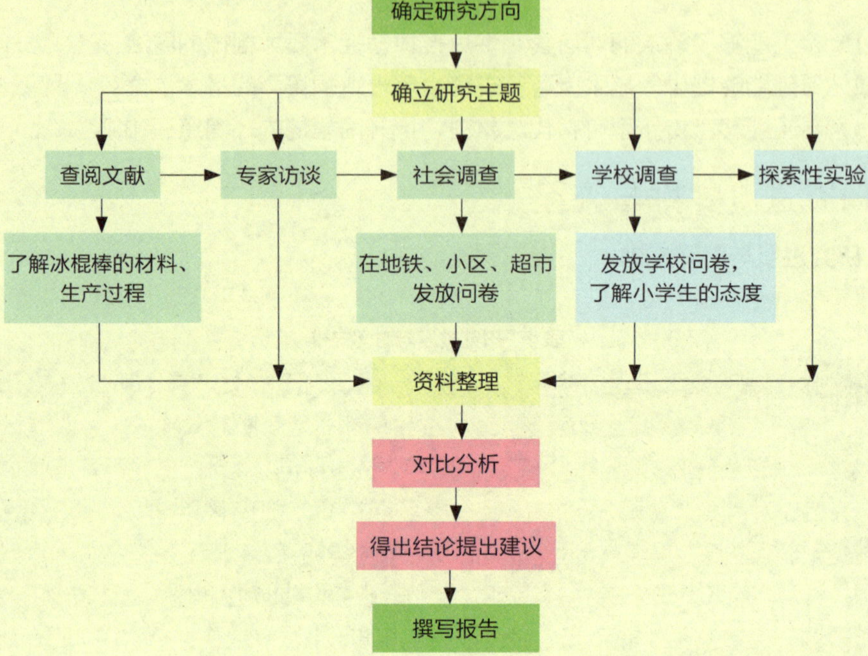

图 1　研究流程

四、研究的方法和内容

1. 文献研究法

带着对可食用冰棍棒问题的兴趣，我开始了自己的研究，首先通过网络查阅了关于冰棍棒的文献，了解到：

（1）生产冰棍棒的材料大多是白桦木，目前我国冰棍棒的生产企业大部分在东北地区；

（2）冰棍棒的尺寸大多数为 114 毫米 ×10 毫米 ×2 毫米；

（3）雪糕棒的生产要经过造材、蒸煮、剥皮、旋切（刨切）和冲切、烘干和磨光、分选和检验 6 个过程。

通过计算冰棍的总产量与每根冰棍的木材使用量，我估算出每年我国生产冰棍的数量大约为 353 亿支，消耗大约 8 万立方米木材，要砍掉 51 万棵白桦树。

此外，在甄老师的建议下查阅了可食用冰棍棒的专利情况，并在爸爸的帮助下查阅了国外专利。通过查阅国家知识产权局和美国专利局，我发现目前已经有较为成熟的可食用冰棍棒技术，在中国和美国都有相关的专利和发明。

国家产权局的查询数据显示，2008 年，专利发明人耿功业向国家专利局申请了一项名为可食用冰糕棒的专利 CN 101185474A，专利具体信息描述如下：

“本发明涉及一种可食用冰糕棍，可有效克服现有冰糕棒浪费资源和对环境造成的污染问题，其解决的技术方案是，以玉米、白糖为原料，经膨化成胶体固化物，粉碎均匀，再由模具压制成棍形，经消毒灭菌处理成可食用冰糕棍，本发明方法简单，成本低，棍体连冰糕一起可被食用，改变了传统冰糕棍的制作与使用，是冰糕饮品上的一大创新，经济和社会效益巨大。”

美国专利与商标局的数据显示，2009 年，专利发明人 Patton Earl 和 Ernest Jerold 向美国专利局申请了可食用冰棍棒的发明专利，专利号为：12/539680，专利具体信息描述如下：

An edible ice cream stick includes a support member having a first inner layer that is generally rigid and constructed of a hard candy substance. The support member also includes a second intermediate layer having a cereal substance. A third outer layer is situated atop the second layer that consists a firm flavor coating that provides moisture protection to the second cereal layer.

由此可见，该项发明有较为成熟的技术基础，在使用和推广过程中不存在技术障碍。

2. 专家访谈法

爸爸帮助我联系了食品行业的专家——北京轻工技师学院食品加工与检验系的马彬彬教授。他长期从事食品加工研究，对冷饮行业积累了丰富的经验。我对马教授做了 20 分钟的电话访谈，主要请教了市场上有没有可食用冰棍棒的冰棍，如果没有，原因是什么；如果设计可食用冰棍棒需要注意的问题是什么，这种产品有没有市场前景。马教授耐心解答了我的问题，他告诉我目前市场上还没有可食用冰棍棒的冰棍产品，接近一些的产品有玉米卷雪糕、可爱多甜筒，都是外面有一层薄薄的可食用外皮。马教授告诉我可食用冰棍棒需要解决 3 个问题，首先是卫生，因为食品的卫生要求是有国家标准的，特别是大肠杆菌不能超标；其次是要考虑可食用冰棍棒要长期在低温和潮湿的环境中不变质，这样才能承担起冰棍棒的功能；最后是价格要适中，如果价格太贵，冰棍的成本增加很多也是冰棍生产企业无法承担的。如果这 3 个条件都能够满足，那么是可以设计出可食用冰棍棒的。

马教授的访谈给了我很大启示，根据他的建议，我又查阅了冷饮行业的国家标准，我国 2004 年颁布了《冷冻饮品卫生标准》（GB 2759.1—2003），这是冰棍生产的国家标准和法律依据。在老师的指导下，我决定用问卷调查的方式收集公众对可食用冰棍棒的反映和接受程度的数据。

3. 问卷调查法

在甄老师的帮助下，我设计了两份调查问卷。一份是社会问卷，主要调查社会公众对可食用冰棍棒的态度和看法，另一份是学校问卷，主要调查我们学校 3 ～ 6 年级学生对可食用冰棍棒的态度和看法。2016 年 9 月 3 日，在甄老师的帮助下我在北京第二实验小学 3 ～ 6 年级共选择了 6 个班进行了问卷发放。共发放问卷 240 份，回收有效问卷 225 份。其中男生 115 人，女生 108 人，2 人性别未填。此外，我在地铁、商场、超市、大排档随机选择社会人员，让他们帮忙填写问卷调查社会公众对可食用冰棍棒的态度和意见，共收到有效问卷 93 份。在爸爸的指导下，我把所有数据录入了 SPSS 软件进行分析统计。

表 2　问卷调查基本信息统计

类别	小学生问卷	社会问卷
样本数	225 份	93 份
年级	3 ～ 6 年级	大多是成年人
地点	北京第二实验小学	地铁、商场、超市
问卷形式	纸质问卷	纸质问卷

4. 探索性实验

在北京市西城区科技馆王喆老师的指导下，我对可食用冰棍棒的潜在备选材料做了探索性实验。我选择了江米条、馒头、熟玉米面、米粒和麦片 5 种材料，用饱和糖水模拟雪糕的材料，观察饱和糖水在不同材料中的结晶情况，从而探索哪些材料更适合作为可食用冰棍棒的备选材料。

五、研究分析与讨论

1. 公众和小学生已经意识到了木质冰棍棒带来的问题，可食用冰棍棒的推广有较好的群众基础

问卷调查结果显示，95.65% 的社会人员和 89% 的小学生认为木质冰棍棒会带来环境问题，其中 69.57% 的社会人员和 53.37% 的小学生认为木质冰棍棒带来的主要问题是浪费木材；此外，有 31.52% 的社会人员和 43.01% 的小学生认为木质冰棍棒会污染环境。因此，绝大多数人对木质冰棍棒带来的环境和木材资源问题都有了较为清晰的认

识，为可食用冰棍棒的推广奠定了基础。

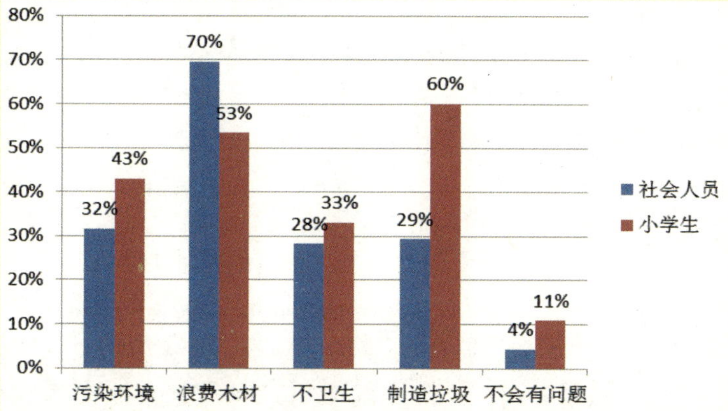

图 2 社会人员及小学生对于木质冰棍棒的态度统计

可食用冰棍棒的推广最核心的问题就是公众对于可食用冰棍棒的态度与接受性，问卷调查的结果显示，81.7% 的社会人群和 55.9% 的小学生认为可食用冰棍棒的想法很好或非常好，愿意购买该产品。

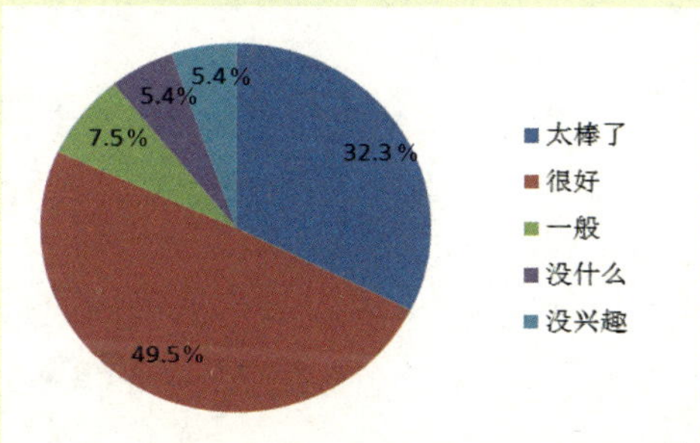

图 3 社会人员对于可食用冰棍棒的态度统计

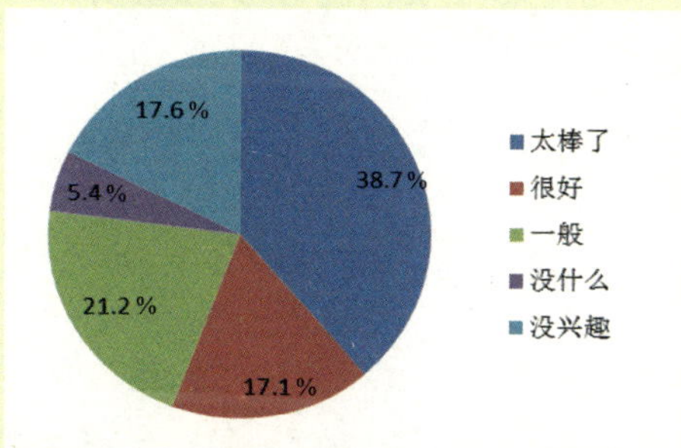

图 4 小学生对于可食用冰棍棒的态度统计

2. 公众和小学生对可食用冰棍棒的社会支持度高，愿意为成本增加埋单

对于目前没有可食用冰棍棒产品的原因，调查结果显示，34.78% 的社会人员和 30.77% 的小学生认为目前没有可食用冰棍棒的原因是木质冰棍棒更便宜。我进一步分析了人们对可食用冰棍棒会导致冰棍成本增加的接受程度。

关于可食用冰棍棒可能增加冰棍成本这一问题，如果由此带来冰棍成本增加在0～0.2元/支，有93.5%的社会人员可以接受；增加0.2～0.5元/支，有78.3%的人能够接受；增加0.5～1元/支，则有52.8%的人能够接受；1元/支以上，则只有10.9%的人能够接受。

小学生的问卷统计结果显示，如果由此带来冰棍成本增加0～0.2元/支，有86%的小学生可以接受；增加0.2～0.5元/支，有71.1%的人能够接受；增加0.5～1元/支，则有42.1%的人能够接受；1元/支以上，则只有20.4%的人能够接受。

表3　社会人员及小学生对于可食用冰棍棒成本增加的态度

项目	社会人员			小学生		
	人数/人	百分比/%	累积百分比/%	人数/人	百分比/%	累积百分比/%
1元/支以上	10	10.9	10.9	45	20.4	20.4
0.5～1元/支	38	41.3	52.2	48	21.7	42.1
0.2～0.5元/支	24	26.1	78.3	64	29	71.1
0.1～0.2元/支	14	15.2	93.5	33	14.9	86
0.1元/支以下	6	6.5	100	31	14	100

六、结论与建议

1. 绝大部分人对可食用冰棍棒持支持态度，可食用冰棍棒代替木质冰棍棒类冷饮产品有较好的市场前景

研究结果显示，超过95%的社会人员和将近90%的小学生认为木质冰棍棒会带来环境问题，超过80%的社会人员和56%的小学生认为可食用冰棍棒的想法很好或非常好，认为可食用冰棍棒有利于环境保护和节约资源，愿意购买该产品，并愿意为此带来的成本增加埋单。因此可食用冰棍棒有较好的市场前景和发展空间。冷饮厂家可以可食用冰棍棒为卖点，设计开发“可食用冰棍棒环保雪糕”，并在包装上打上可食用冰棍棒和环保的标志，以环保和创新为主题开拓新的市场。

2. 可食用冰棍棒已有较为成熟的专利技术，不存在技术难题

可食用冰棍棒在我国（2008年）和美国（2009年）都有人申请了专利，可以为可食用冰棍棒的生产提供较为成熟的技术支持，因此在使用和推广过程中不存在技术问题。作为该领域的行业组织，雪糕及冰激凌行业的专业组织——中国饮料工业协会可以组织相关的企业和科研部分进行该项技术的论证和可行性实验，制定可食用冰棍棒的行业标准。食品药品监督管理局制定此类产品的市场准入标准，并对冰棍类冷饮产品进行质量认证和食品许可。

3. 加强环保宣传，提升中小学生的环保意识

为了增强人们的环保意识，可以在商场、超市、便利店等主要冷饮销售点通过张贴画，广告和宣传单的形式就冰棍棒带来的木材消耗与环境问题开展公益宣传，同时也促进可食用冰棍棒的市场推广。

中小学生是冷饮消费的一个主要群体，但调研结果显示，小学生的环保意识和对可食用冰棍棒的接受性普遍低于社会人员。因此，可以就冰棍棒带来的环境问题以及新型可替代材料对中小学生进行环保教育。可以把相关内容放在中小学科学课的内容中，或开设环境保护类的选修课对同学们进行环保教育。

七、本研究的创新点

本研究的主要创新点是查阅国内和国外针对可食用冰棍棒的发明专利，并在食品专家的指导下设计了关于可食用冰棍棒的调查问卷，对公众和小学生进行了问卷调查，得出的结论是可食用冰棍棒受到绝大多数人的认可，有很好的市场前景。我从技术上和市场上证明了可食用冰棍棒的可行性，为下一步企业推广可食用冰棍棒产品打下了科学的基础。由于时间所限，我的实验研究还没有全部完成，下一步计划对于不同的材质的可食用材料进行进一步实验，比较它们的结晶速度与形态。我还打算对设计不同形状材质规格的冰棍棒，找出最合适的材料和设计方案。希望能够在老师的帮助下和国家专利局及专利持有者取得联系，验证他们的专利的有效性及推广价值。另外，我还计划将可食用冰棍棒研究推广到可食用筷子、可食用餐具领域，解决白色污染问题，保护我们的环境和大自然。

八、收获与体会

通过这次研究，我了解了冰棍以及冰棍棒的消费情况、冰棍棒的卫生标准以及制作过程、可食用冰棍棒的专利等相关知识。在这个过程中我体会到，虽然可食用冰棍棒的专利已经出现很多年，但一直没有投放到市场上，从技术专利到市场推广还有很多工作要做。

同时，我还学习和实践了科学的研究方法，通过自己设计、发放以及回收调查问卷，对调查结果进行统计和分析、设计访谈问题以及现场访谈，我体会到了科学研究的不易。在这一过程中，我犯了很多错误，也通过及时改正错误更好地理解了做研究的过程和方法。

另外，我在与近100个问卷发放对象、访谈对象、专家以及指导老师的接触过程中，很好地锻炼了我的交流沟通能力。

九、致谢

感谢甄奕老师和王喆老师在研究问题、调查问卷以及实验设计方面对我的认真指导。特别是王喆老师指导我做了探索性的实验，让我对科学更加感兴趣，同时对可食用冰棍棒的实现充满信心。感谢爸爸在查阅资料、统计工具和论文写作方面对我的指导和帮助。感谢妈妈为我留存访谈的照片、指导我整理研究日志。

十、参考文献

［1］刘爱国 . 国内外冷食品新产品的研发现状与趋势 [J]. 食品研究与开发，2009(2): 191.

［2］吴海成，杨圣崇 . 变性淀粉在雪糕中应用的研究 [J]. 安徽农业科学，2012，40(24): 12240-12241, 12289.

［3］王喜萍，张翠艳 . 甜玉米雪糕生产工艺研究 [J]. 食品工业，2011(7): 1-3.

［4］马文生，李万春 . 雪糕棒是这样生产出来的 [OL]. 中国质量新闻网，2007-08-23.

［5］王玉春 . 雪糕棒生产工艺简介 [J]. 林业科技开发，1993(3): 22.

［6］国家卫生部 . 冷冻饮品卫生标准（GB 2759.1—2003）[S]. 2004.

［7］国家专利局 . 国内可食用冰糕棍专利查询，专利号 CN 200710193162.1[P]. 2007.

［8］美国专利与商标局 . 美国可食用冰棍棒专利查询，专利号 12/539680[P]. 2010.

［9］唐科全，李汝玉，段秀德，等 . 特制糯米粉在冷饮食品中的应用 [J]. 粮食与饲料工业，1993(3): 22-24.

附录一：北京第二实验小学学生冰棍类冷饮消费调查问卷

亲爱的同学：

您好！我们是二小四年级13班白思邈，目前正在进行一个关于小学生冰棍消费的科学研究项目，想调查一下我校学生对冰棍类冷饮的消费情况，可能要耽误您3～5分钟的时间，希望您能根据实际情况填写。感谢您的支持与配合，谢谢！

1. 请问您是几年级同学？

一年级□　二年级□　三年级□　四年级□　五年级□　六年级□

2. 您的性别是？　3. 您喜欢吃冰棍吗？

男生□　女生□　喜欢□　不喜欢□

4. 您一般多久吃一次冰棍？

1个月1次□　2周1次□　1周1次□　1周2次□　1周3次□

1周4次□　1周5次□　1周6次□　每天都吃□　其他 □

5. 您一个夏天（6—8月）大概吃多少根冰棍？

10根以内□　10～50根□　50～100根□　100～200根□　200根以上□

6. 一般情况下您吃的冰棍价格是？

1元□　2元□　3元□　4元□　5元□　5元以上□

7. 您觉得吃冰棍会对健康有害吗？

会□（请继续答第8题）　不会□（请跳转到第9题）

8. 您觉得吃冰棍会带来哪些健康问题？（可多选）

发胖□　蛀牙□　闹肚子□　发烧□　其他□

9. 您觉得冰棍棒和包装纸会带来环境问题吗？

不会□（请跳转到第11题）　会□（请继续答第10题）

10. 您觉得冰棍棒会带来哪些问题？（多选）

污染环境□　浪费木材□　不卫生□　制造垃圾□　其他问题□

11. 如果冰棍棒可以食用，您觉得这个主意怎么样？

太棒了□　很好□　一般□　没什么□　没兴趣□

12. 如果因为冰棍棒可食用增加了冰棍的价格，您觉得增加多少能够承受？

0.1元/支以下□　0.1～0.2元/支□　0.2～0.5元/支□　0.5～1元/支□　1元/支以上□

13. 您觉得目前没有采用可食用冰棍棒的主要原因是什么？

没有可食用的冰棍棒□　木质冰棍棒便宜□　可食用冰棍棒生产复杂□　其他□

14. 如果用可食用的冰棍棒代替木质冰棍棒，您喜欢哪种口味的冰棍棒？

巧克力口味□　水果口味□　奶油口味□　玉米砂糖□　其他□

附录二：可食用冰棍棒社会公众调查问卷

您好！我们目前正在进行一个关于冰棍消费的科学研究项目，想调查一下可食用冰棍类的消费前景，希望您能根据实际情况填写，这可能要耽误您几分钟宝贵时间，感谢您的支持与配合，谢谢！

1. 您一般多久吃一次冰棍？

1 个月 1 次□　2 周 1 次□　1 周 1 次□　1 周 2 次□　1 周 3 次□

1 周 4 次□　1 周 5 次□　1 周 6 次□　每天都吃□　其他□

2. 您一个夏天（6—8 月）大概吃多少根冰棍？

10 根以内□　10 ～ 50 根□　50 ～ 100 根□　100 ～ 200 根□　200 根以上□

3. 一般情况下您吃的冰棍价格是？

1 元□　2 元□　3 元□　4 元□　5 元□　5 元以上□

4. 您觉得木质冰棍棒会带来哪些问题？（可多选）

污染环境□　浪费木材□　不卫生□　制造垃圾□

其他问题□　不会有问题□

5. 如果冰棍棒可食用，您觉得这个主意怎么样？

太棒了□　很好□　一般□　没什么□　没兴趣□

6. 您觉得目前没有采用可食用冰棍棒的主要原因是什么？（可多选）

没有可食用的冰棍棒□　木质冰棍棒便宜□　顾客不喜欢可食用冰棍棒□

生产可食用冰棍棒太复杂□　其他□

7. 如果因为可食用的冰棍棒增加了冰棍的价格，您觉得增加多少能够承受？

0.1 元 / 支以下□　0.1 ～ 0.2 元 / 支□　0.2 ～ 0.5 元 / 支□　0.5 ～ 1 元 / 支□　1 元 / 支以上□

8. 如果用可食用的冰棍棒代替木质冰棍棒，您喜欢哪种口味的冰棍棒？

巧克力口味□　水果口味□　奶油口味□　玉米砂糖□　其他□

PPT 展示

我研究的题目是关于可食用冰棍棒替代木质冰棍棒的调查研究。

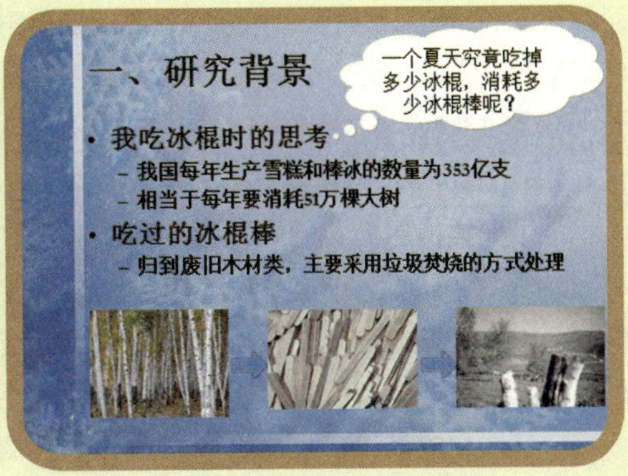

下面，我将从研究背景、目的、方法、流程、结果与建议 6 个方面展开介绍。

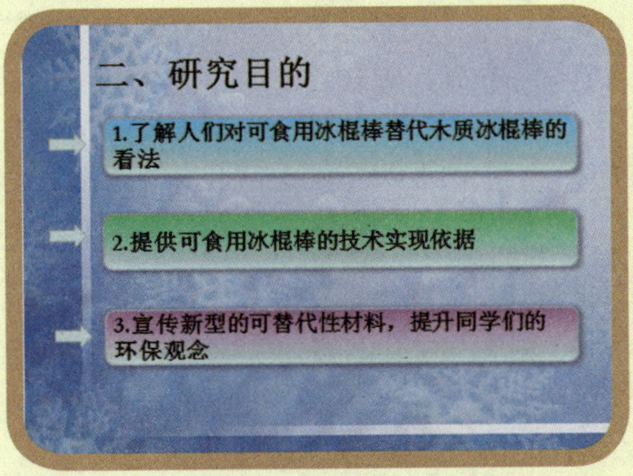

每到夏天，看到美味诱人的冰棍，我就忍不住要吃上一个。那么，全中国一个夏天究竟吃掉多少冰棍，消耗多少冰棍棒呢？我查了一下资料，不得了！我国每年消费的冰棍棒大约需要 51 万棵大树！要是这些大树能留下来绿化环境净化空气该多好啊！

于是我提出了用可食用冰棍棒代替木质冰棍棒的设想，目的在于了解人们对可食用冰棍棒的看法；找到开发可食用冰棍棒的科学依据；宣传可替代的环保材料，增强同学们的环保意识。

我运用了4种研究方法：文献研究法、专家访谈法、问卷调查法和实验法。我查阅资料了解了现有的木制冰棍棒的生产过程，以及可食用冰棍棒国内国外的专利情况；访谈了食品加工与检验专家马彬彬教授；进行了93份公众问卷和225份小学生问卷的调查；并进行了可食用冰棍棒的探索性实验。

这是具体的研究流程图，包括确定研究方向、研究主题，以及文献研究、专家访谈、问卷调查、探索性实验等具体的研究步骤，进而对收集到的资料进行整理、对比分析得出结论、完成论文。

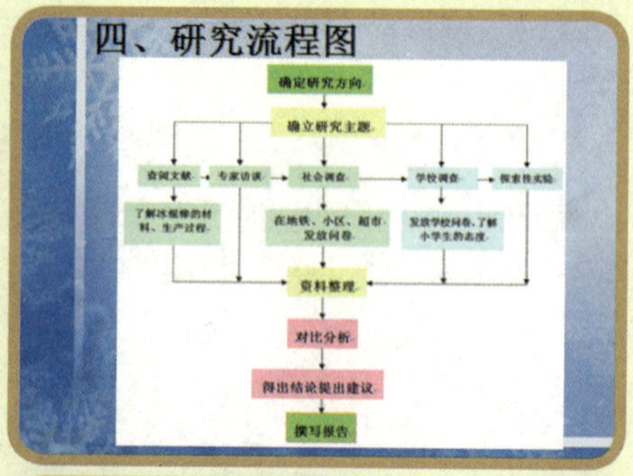

文献研究的结果帮我找到了可食用冰棍棒的技术依据。2008年和2009年，在我国和美国都分别有人申请了相关专利。

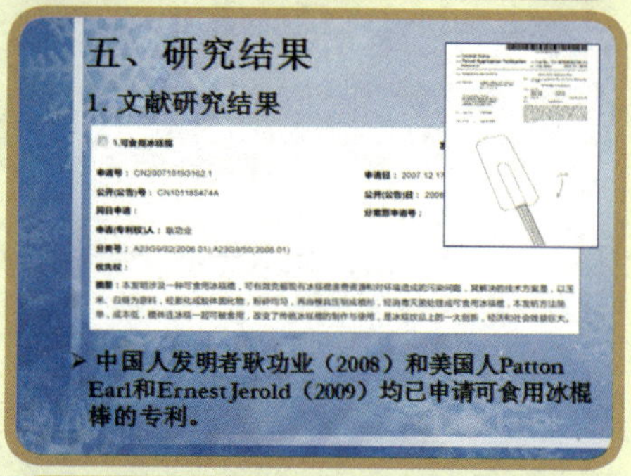

在与食品卫生专家马彬彬教授的电话访谈中，我得到了以下3方面的专业建议：要考虑冰棍棒材料的低温耐潮湿特性、要符合卫生标准以及成本要可接受。

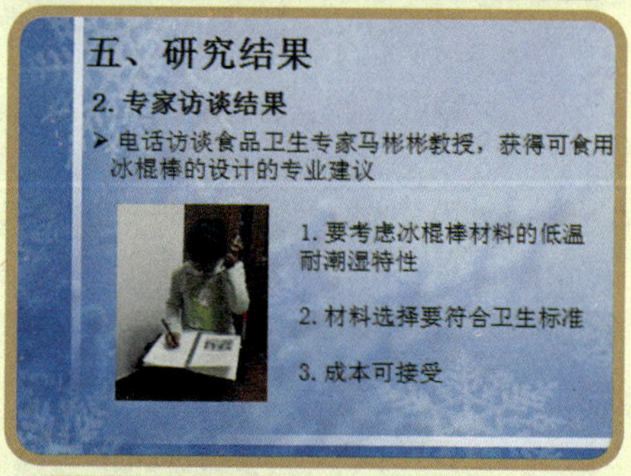

根据文献研究和专家访谈的结果，我设计了调查问卷。318份问卷调查显示，96%的社会人员和89%的小学生都认为木质冰棍棒会带来环境问题。

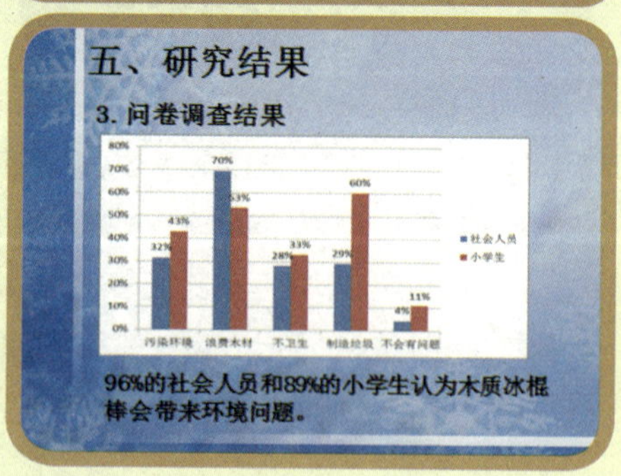

有82%的社会人员和56%的小学生认为可食用冰棍棒的想法很好或太棒了。

针对新技术可能增加产品成本这一问题，调查结果表明，如果可食用冰棍棒的成本控制在1元/支以内，有大概一半的人愿意购买。

我尝试使用婴儿磨牙棒、牛奶棒棒饼干、可食用勺子、江米条4种材料制作可食用冰棍棒。其中，婴儿磨牙棒与可食用勺子效果最好。请看，这是我自己用硬饼干制作的实验品！

我得出的结论是：可食用冰棍棒有购买人群的态度支持和专利技术支持，并且探索性实验初步成功，所以是可行的。因此，我建议生产和使用可食用冰棍棒；建议相关部门制定可食用冰棍棒的技术和卫生标准；建议加强环保宣传，提升中小学生的环保意识。

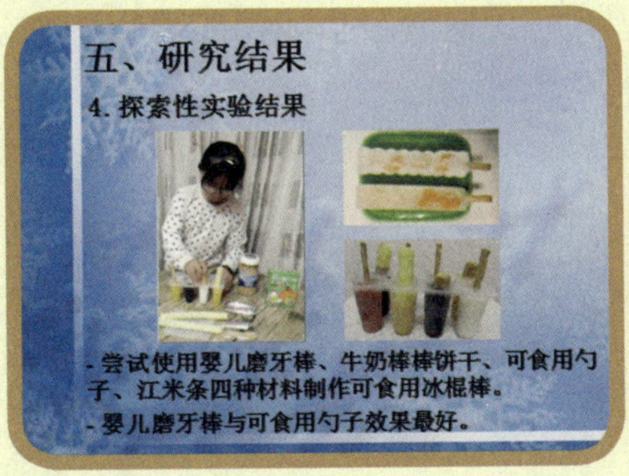

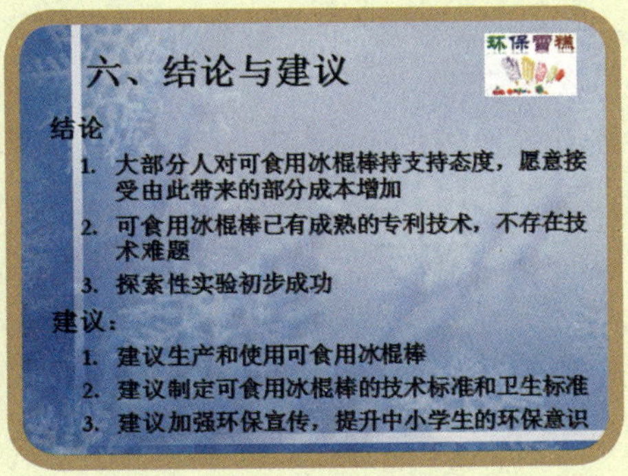

请各位评委老师批评指正！

科学研究故事

可食用冰棍棒的快乐探索之旅

1. 了解了冰棍棒以及专利的相关知识

通过这次研究，我了解了冰棍以及冰棍棒的消费情况、冰棍棒的卫生标准以及制作过程、可食用冰棍棒的专利等相关知识。在这个过程中我体会到，虽然可食用冰棍棒的专利已经出现很多年了，但一直没有投放到市场上，原来从技术专利到市场推广还需要很多工作要做。

2. 学习和实践了科学的研究方法

通过自己设计发放以及回收调查问卷、对调查结果进行统计和分析、设计访谈问题以及现场访谈，我体会到了科学研究的不易。

3. 锻炼了与人交流沟通的能力

我在与近 100 个问卷发放对象、访谈对象、专家以及指导老师的接触过程中，很好地锻炼了我的交流沟通能力。

4. 研究中充满了乐趣

在我的研究中，还有许多有趣的事。例如，研究可食用冰棍棒时，为了证明它的可行性，我买来了许多果汁和牛奶，放在冰棍模具中，等冻到半固体时再插棍。我用买来的可食用勺子、江米条和棒状饼干等作为冰棍棒插进冰棍中。等到实验完毕或答辩结束后，我就以江米条为吸管，以可食用勺子为勺子，把半化的冰棍一股脑儿都吃完了。哈哈，真是美味！

如果你也做食品类研究，那你一定也有这样的经历。科学研究没有那么枯燥，而是充满乐趣的！

专家点评

该课题研究来源于学生日常生活，使用文献研究、专家访谈、问卷调查和实验研究等科学研究方法，研究方法得当；收集的数据丰富翔实可靠；研究方法正确，通过对数据的统计和分析发现公众已经意识到了木质冰棍棒带来的问题，可食用冰棍棒的推广有较好的群众基础。另外，公众对可食用冰棍棒的社会支持度高，愿意为增加成本埋单。研究结果有一定的社会意义。提出了雪糕及冰激凌行业的专业组织——中国饮料工业协会应组织相关的企业和科研部分进行该项技术的论证和可行性实验，制定可食用冰棍棒的行业标准。尤其提出"中小学等教育机构在科学与环保类课程中可以增加相关内容，提高中小学生的环保意识"，加强宣传教育途径有很强的实用性。

3 幽灵螳螂、兰花螳螂和中华大刀螳螂的比较

——外来螳螂物种入侵的可能性研究

作　　者 / 谭奕朗　潘嘉阳

辅导教师 / 甄　奕　李雪梅

【摘要】我们从网络、书籍上深入了解螳螂的产地、生理特征、适应性等知识时，联想到螳螂这个物种在新环境的适应和生存问题。我们产生了研究的想法，通过研究不同螳螂的特点使大家认识到外来螳螂物种对本土物种是否可能造成的潜在威胁，是否适宜作为观赏宠物饲养。根据老师们的指导，我们采取调查、采访、实验等方式，对比研究了在野外捕获的中华大刀螳螂和在宠物店购买的人工繁殖的幽灵螳螂和兰花螳螂在适应能力、主动攻击性、主要食物等方面的特点，得出了外来螳螂物种对本土物种不构成潜在威胁，适宜作为宠物昆虫观察饲养的结论。

【关键词】螳螂　特征　饲养　入侵

【创新点】通过对外来螳螂物种（幽灵螳螂、兰花螳螂）和本地螳螂（中华大刀螳螂）的各项实验数据的对比，得出了中华大刀螳螂比外来螳螂物种适应能力更强，外来螳螂物种更适宜作为宠物观察饲养，并且不会对本地物种产生入侵的结论。

一、研究背景

我从小就特别喜欢昆虫，每个周末都会到郊野公园去捉虫子，捉蜻蜓、蝴蝶，然后带回家观察。我还阅读了许多自然科学类的书籍，里面既有昆虫图片，也有许多关于昆虫的知识。我捉到过最酷的虫子就是天牛、松毛虫和螳螂。几年前，我在小区的院子里捉到过一只绿色的螳螂，把它带回家后，它一直不停地爬来爬去。我觉得它行动特别灵活，很有趣。那时候，还不知道怎么饲养，就给它喂了一些菜叶，它很快就死了。上学以后，我经常去花鸟鱼虫市场，有一次，在资深饲养者徐老师的宠物店里看到了只在书中看到的螳螂，如魔花螳螂、枯叶螳螂、弧纹螳螂等。我觉得它们的外形特别神奇，就想自己亲自养几只，能每天观察它们的活动和习性。在饲养的过程中，我越来越喜欢这些小生命，也了解了更多它们的特点，如身体结构、动作、捕食等。随着饲养过的螳螂越来越多，我了解的知识和实际饲养的经验也越来越多，还接触到了一些同样的螳螂爱好者。我发现，也有许多人到花鸟鱼虫市场去，是为了买到喜欢的宠物，很多人都喜欢新奇、易养的动物。从热带地区引进的幽灵螳螂和兰花螳螂外形奇特、漂亮，饲养成本及环境要求相对简单，理所当然成为宠物饲养的对象。

虽然螳螂这一物种整体上在生态方面对自然环境没有太大的威胁，但是作为一种外来的生物品种，它们是否会对本地物种造成威胁呢？它们和本地物种哪个更适宜作为宠物观察饲养呢？

二、研究目的

1. 了解幽灵螳螂、兰花螳螂、中华大刀螳螂的生活习性和生存适应能力。

2. 比较幽灵螳螂、兰花螳螂和中华大刀螳螂在颜色、气味、防御能力、捕食速度方面的反应。

3. 探讨外来螳螂物种对本地物种的影响，以及它们是否适宜作为宠物饲养。

三、研究方法与进度

1. 查询资料

通过查询网络资料，对幽灵螳螂、兰花螳螂和中华大刀螳螂的生存条件、饲养环境等进行系统了解。我们还试图查询一些文献资料，但是无论是网上搜索还是到大型图书馆查阅，除了百度百科上面的知识，都没有找到这方面的资料。

2. 采访

采访对象： 螳螂资深饲养者徐老师

采访提纲：

（1）北京是否存在野生的幽灵螳螂和兰花螳螂？

（2）幽灵螳螂和兰花螳螂与中华大刀螳螂相比较有何特点？

（3）在饲养过程中，幽灵螳螂、兰花螳螂和中华大刀螳螂对环境要求有什么区别？

3. 实验

（1）**实验时间：** 2016 年 9—10 月

（2）**实验地点：** 自己家中

（3）**实验材料和器具**（表 1、表 2）

表 1 实验材料

幽灵螳螂	兰花螳螂	中华大刀螳螂	醋	香油	洁净水	红、黄、蓝、绿纸张	自制棉签	大小相近蟋蟀
1 只	1 只	1 只	10 毫升	10 毫升	10 毫升	各 1 张	1 只	3 只

表 2 实验器具

长尺	容器（长方形塑料盒）	电脑	照相机	摄像机
1 把	1 个	1 台	1 台	1 台

（4）**实验计划**

第一部分实验： 颜色反应对比

第二部分实验：气味反应对比

第三部分实验：防御反应对比

第四部分实验：捕食能力对比

这四部分实验，前后持续了大概一个多月的时间，因为有时候螳螂们的状态不是非常好，如兰花螳螂和枯叶螳螂如果蜕皮了，就会比较虚弱，需要等他们身体恢复了再进行实验。

四、研究过程及结果

1. 查询资料的过程和结果

为了得到更加准确和科学的资料，我们去过国家图书馆，在网络上也进行了搜索。在国家图书馆，不允许13岁以下的儿童亲自进入成年人阅览室，我们只能浏览网络书单，没有办法确定合适的书目。而且在书单中经过详细搜索，也没有发现专门关于螳螂研究的书籍。因此，我们主要通过网络进行了查询，以下就是网上一些资料的整理：

【兰花螳螂】产于东南亚的马来西亚的热带雨林区，很多不同种类的兰花都会生长着各种的兰花螳螂，它们有最完美的伪装，而且能随着花色的深浅调整自己身体的颜色。它们的步肢演化出类似花瓣的构造和颜色，可以在兰花中拟态而不会被猎物察觉，最适合螳螂守株待兔的掠食方式，也算是最高明的掠食者之一。兰花螳螂一般体长3～6厘米。初生幼体呈现特殊的红、黑二色组合，在第一次蜕皮之后才会转变为白色和粉红色相间的兰花体色。到成虫之后，粉红色会消失而出现棕色的色斑，体色也会由乳白色转变为浅黄色。兰花螳螂从出生就具有掠食本能，只要是活的昆虫，如苍蝇、蜘蛛、蜜蜂、蝴蝶、飞蛾等它们都会捕食。因为兰花螳螂主要是在兰花上等待猎物上门，所以它们捕食的对象多半也是围绕花朵生活的小型节肢动物、爬虫类或鸟类。

【幽灵螳螂】原生地在马达加斯加，大多数幽灵螳螂的体色为枯黄色、枯褐色或是近似焦黑的颜色。其性别的特征可表现于他们头部的冠状突起。雌性有较短的，看上去更宽的突起，通常都很平直，没有多少的曲折。有时尖端的突起不是一个平坦的边缘，而是在中间点，造成一种平微妙的“五”形状；雄性的突起更长，更薄，并有很多曲折也就更复杂。作为一种小型的种类，幽灵螳螂并不需要大的空间。它也并不活跃，有时在一个地方待上好几天，都不会移动的。只有在捕捉食物的时候，它会比较谨慎地移动。湿度对于幽灵螳螂蜕皮也很重要。因为，外型奇特，所以在蜕皮的时候，会产生更多问题。如果湿度过低，很有可能不容易蜕皮而畸形，最终导致死亡。

【中华大刀螳螂】在国内主要分布在北京、河北、安徽、山西、陕西、江苏、福建、浙江、四川、湖南、广东等地。头三角形，复眼大而突出。5龄前的若虫活动比较敏捷，喜欢栖息在杂草或灌木上，也有栖息在树上的。随着龄期的增长，或地上杂草较少时，就大量转移到树上。中华大刀螳螂一般在早晚活动取食，喜阴怕热，在炎热的夏天，中午常栖息在树冠阴凉处或杂草丛中。秋季气温降低时，早晚多栖息在向阳的树叶上。在北京地区，中华大刀螳螂捕食期长达4～5个月，可捕食各种农林、果树害虫。

目前我们查到的资料中，多数都是产地、基本习性方面的知识。不够，我饲养的3只螳螂真的是基本符合上述的网络资料特征。其中，兰花螳螂从6、7龄开始饲养，经历2次蜕皮，其中一次在蜕皮中后肢出现损伤，但在第二次蜕皮中恢复，现在进入8、9龄，体长3～4厘米，在饲养过程中设置了仿生环境，隔天喂食一只小蟋蟀。幽灵螳螂在10龄左右开始饲养，经历了两次蜕皮，现在已经进入末龄，体长大约4厘米，呈深绿色。在饲养过程中，每天需要喷水并隔天进食一只小蟋蟀。中华大刀螳螂捕获时为成体，体长大约10厘米，饲养环境为仿生环境，不需每天喷水，隔天进食一只小蟋蟀。

2. 采访过程及结果

徐老师是资深的螳螂饲养爱好者。我饲养的幽灵螳螂和兰花螳螂就是他提供的。平时在饲养过程中遇到问题，我都会向他请教。

徐老师告诉我，幽灵螳螂和兰花螳螂原产地分别是非洲和东南亚地区，要求的湿度和温度都比较高。北京属于温带气候，四季温差大且比较干燥，从气候上说不适宜这两种螳螂野外天然生存繁殖。

①北京是否存在野生的幽灵螳螂和兰花螳螂？

徐老师说，关于北京是否存在野生的幽灵螳螂和兰花螳螂，没有官方权威的统计或记录，但从自己目前饲养爱好者的信息渠道看，应该不存在这两种野生的螳螂。北京周边的野生环境中，最为常见的有以下几种螳螂：中华大刀螳螂，这也是世界常见种，体长7～10.5厘米，一般体型较大的螳螂都是中华大刀螳螂，除此以外，还有狭翅大刀螳螂、广腹螳螂、棕静螳螂和薄翅螳螂。

②幽灵螳螂和兰花螳螂与中华大刀螳螂相比较有何特点？

徐老师说，根据他的经验，中华大刀螳螂与幽灵螳螂和兰花螳螂相比，攻击性更强，体型相对较大，由于是本地物种，对环境的适应性更强，而后两者对温度和湿度的要求都比较高。

③在饲养过程中，幽灵螳螂、兰花螳螂和中华大刀螳螂对环境要求有什么区别？

徐老师说，在实际饲养中，为了螳螂的安全和捕食积极性，食物不应过大，最好小于螳螂体积的一半，三分之一是最好的大小，即食物体长有螳螂胸板长为好，螳螂不吃死的虫子，而且螳螂在安静下来的情况下才会捕捉，所以不要奇怪一只惊慌失措的螳螂为什么不吃你投放的食物，螳螂食性很广，多数昆虫都能入口，主要以蝗虫、蟑螂等直翅目为主，面包虫也是不错的选择。由于螳螂是外骨骼，蜕皮是螳螂成长的必经阶段，也是最危险的，失败可能是致命的，蜕皮后待骨骼完全硬化后再喂食，防止受伤。此外螳螂会自相残杀，在饲养中需要独居。

徐老师谈到的捕食特点，我在饲养和实验过程中也有体会。由于体型方面的优势，中华大刀螳螂确实在捕食速度上更胜一筹。在一个偶然的机会，我曾经将一只幼体蚱蜢喂食给中华大刀螳螂，它同样在极短的时间内将其捕杀，凶猛程度可见一斑。还有一次，我把一只小飞蛾喂给了兰花螳螂，它也成功地捕捉到了。但是，我饲养的这 3 只螳螂似乎都对面包虫不感兴趣，更愿意捕杀活体蟋蟀，所以我认为这在一定程度上与它们的野性生存本能有关。

3. 实验过程和结果（表 3、表 4）

表 3　实验过程记录

实验名称	实验目的	实验器材	实验过程
颜色反应对比	比较 3 种螳螂对颜色的反应，从而判断它们的视觉能力	幽灵、兰花、中华大刀螳螂各一只，不同颜色纸张各 1 张	在距螳螂 10、5、1 厘米处分别放置不同相同颜色的纸张，对 3 只螳螂依次进行试验；每只各测试 3 次
气味反应对比	比较 3 种螳螂对气味的反应，从而判断它们的嗅觉能力	幽灵、兰花、中华大刀螳螂各一只，醋、香油、洁净水各 10 毫升	在距螳螂 10、5、1 厘米处分别放置醋、香油、洁净水，对 3 只螳螂依次进行试验；每只各测试 3 次
防御反应对比	测试 3 种螳螂对外来攻击的反应	幽灵、兰花、中华大刀螳螂各一只，自制小棉签 1 只	将螳螂分别放置于相同容器内，用小棉签在其身前晃动，观察对外界潜在攻击的反应
捕食能力对比	测试 3 种螳螂的捕食能力	幽灵、兰花、中华大刀螳螂各一只，大小相仿蟋蟀各一只	在 3 天内对螳螂禁食，然后每次将一只螳螂和一只蟋蟀放入同样容器中，观察记录螳螂的捕食速度和进食速度

表 4　实验结果记录

实验名称	幽灵螳螂	兰花螳螂	中华大刀螳螂
颜色反应对比	对 4 种颜色没有明显反应	对 4 种颜色没有明显反应	实验中，对蓝、黄、绿 3 种颜色没有明显反应，有两次实验中对红色有攻击迹象，一次对绿色有反应
气味反应对比	无明显反应	无明显反应	无明显反应
防御反应对比	棉签靠近时无反应；棉签挥动时身体开始摇摆，但没有攻击迹象	棉签靠近时无反应；棉签挥动时逃离	棉签靠近时立即举起大刀，对挥动的棉签有明显反击迹象

实验名称	幽灵螳螂	兰花螳螂	中华大刀螳螂
捕食能力对比	迅速发现移动的蟋蟀，先保持静止，然后开始摇摆身体，疑似利用形似树叶的伪装吸引蟋蟀靠近；蟋蟀靠近后，先静止，然后突然出击捕获	迅速发现移动的蟋蟀，先保持静止，然后开始缓慢向蟋蟀靠近，速度非常缓慢，在攻击范围内先保持静止，然后突然出击捕获	迅速发现移动的蟋蟀，并立即靠近，迅速捕获

具体过程：

1. 在颜色反应对比实验时，幽灵螳螂和兰花螳螂面对 4 种颜色，都没有什么反应，而中华大刀螳螂有两次对红色挥舞前肢，一次还直接爬到了绿色纸张上。

2. 在进行气味反应对比实验时，3 种螳螂对不同气味都没有明显反应，幽灵螳螂甚至大胆地爬上容器。

3. 在进行防御反应实验时，幽灵螳螂和兰花螳螂基本无动于衷，幽灵螳螂有轻微摆动身体的动作，兰花螳螂观察十几秒后直接离开，中华大刀螳螂则对棉签挥舞前肢，甚至爬上棉签进攻。

4. 在进行捕食实验时，幽灵螳螂和兰花螳螂表现得和网络上描写的一样，充分利用了它们各自的特点，幽灵螳螂就像一片树叶，飘呀飘地来到了蟋蟀身边；兰花螳螂是缓慢地一步一步靠近蟋蟀；大刀螳螂就特别凶猛了，没有任何试探，直接扑杀蟋蟀。

五、研究分析和结论

1. 资料和采访分析

由于深入研究螳螂的人数特别少，所以可供查阅的资料比较有限，主要来源于网络信息和资深饲养者的亲身经验。我们分析，幽灵螳螂、兰花螳螂作为外来物种目前只具备人工饲养的生存环境，没有任何野外放生的观察发现记录。虽然它们与中华大刀螳螂这一本地物种具有同样的生长规律和食物结构，但是从它们本身对环境的要求来看，中国北方地区的气候不适宜它们天然生存繁殖。

2. 实验结果分析

螳螂这一物种本身对颜色、气味没有特别明显的差别反应。中华大刀螳螂对红色的攻击迹象虽然明显，但需要进一步的实验证明，因为我们还没有办法证明它是偶然的反应还是总有这样的表现。在防御反应方面，幽灵螳螂和兰花螳螂分别采取了静止伪装和逃离的行动，中华大刀螳螂则有明显反抗迹象。而在捕食反应测试中，3 种螳螂的表现明显不同，录像证实，幽灵螳螂和兰花螳螂充分利用了自身的外形特点，捕食速度分别耗时 4 分 11 秒和 6 分 42 秒，而中华大刀螳螂仅用了 0.9 秒。

六、建议

每次到花鸟鱼虫市场去的时候，我们都发现有很多人在询问螳螂的品种和如何饲养，还有很多人拿着自己饲养的螳螂去咨询。所以我们觉得随着螳螂饲养爱好者人数的不断增加，一定会有大量人工饲养和繁殖的幽灵螳螂和兰花螳螂出现。所以，我们建议：

1. 目前对螳螂的专业研究非常少，需要更加专业和科学的研究，探讨这些人工饲养和繁殖的外来螳螂物种会不会为适应环境本身产生变异，进而影响到本土物种。

2. 除螳螂以外，新奇宠物，包括昆虫饲养爱好者的数目在不断地增加。虽然螳螂本身对环境没有损害，但从生物生态学的角度看，其他外来物种在本地的饲养、繁殖以及放生需要国家专业部门必要的管理。

七、收获与体会

通过这些时间对几种螳螂的研究，我们了解了更多关于这个物种的知识，特别是在实际饲养过程中，能近距离地观察和实验，我们觉得特别有意思。而且，通过这段时间的研究，我们还得出了以下这些结论：

1. 通过对 3 种螳螂捕食速度的实验，我们认为中华大刀螳螂比幽灵螳螂和兰花螳螂的捕食速度要快，在同等饥饿的程度下，大刀螳螂更具有竞争力，能够快速捕到食物，大大增加了存活概率，生存能力明显强于幽灵螳螂和兰花螳螂。

2. 在实际气候条件下，引进的幽灵螳螂和兰花螳螂还不具备野生和繁殖能力，目前也没有野外捕获到的记录，所以暂时也不会对本土螳螂物种构成威胁。但是它们是否会逐步适应环境，发生自身的变异还要更专业的研究。

八、下一步的工作方向

通过此次研究，我们对不同螳螂的种类和它们的习性、特点有了进一步的深入了解。但是研究还有一些不足之处，主要有以下几个方面：

1. 受条件所限，用于实验的每种螳螂数目不是十分充足，每个品种参与实验的仅有一只个体，可能对实验数据的准确性造成一些影响。

2. 参与实验的螳螂在个体发育成熟度上存在一定差异，比如中华大刀螳螂已经是成体，而幽灵螳螂和兰花螳螂仍处于末龄阶段，这有可能影响实验的最终准确性。

3. 螳螂的活动虽有一定规律，但也有一些不确定性，比如中华大刀螳螂偶尔捕食到体型较大的猎物（如蚱蜢幼体）不能及时用图片或录像形式纪录下来，是一种遗憾。

4. 可供查阅和参考的文献资料不足。很多知识和信息是通过网络媒体得到的，来源于业余爱好者的实践经验。这些实践经验缺乏系统地整理，而且其科学性也需要证实。

今后，我们希望能够得到更多专业人士的指导，在研究对象上也更加丰富一些，如果条件允许，我们希望能够自己孵化外来螳螂，观察它们成长的全过程，进一步了解它们的生长规律和习性。

九、鸣谢

此次对螳螂的研究，是我们的第一次科学研究。我们觉得自己做了一件特别有意义的事情。我们要特别感谢甄奕老师和李雪梅老师给予我们的详细指导和帮助，还要感谢资深螳螂饲养者徐老师给我们耐心讲解自己的经验。

十、作者分工

在这次论文的完成过程中，谭奕朗负责观察、实验、记录和论文的撰写；潘嘉阳负责有关资料信息的查询和视频资料的整理。

PPT 展示

我们非常喜欢螳螂这种昆虫。在和它们的亲密接触中，我们发现这种小生命竟然在世界各地都有分布，它们家族成员众多并且各有特点。

越来越多的人开始将来自世界各地的螳螂作为宠物饲养。我们自己也饲养过许多外来物种，如魔花螳螂、枯叶螳螂、刺花螳螂、弧纹螳螂等。由此，我们想到一个问题：外来螳螂会对本土物种造成入侵吗？

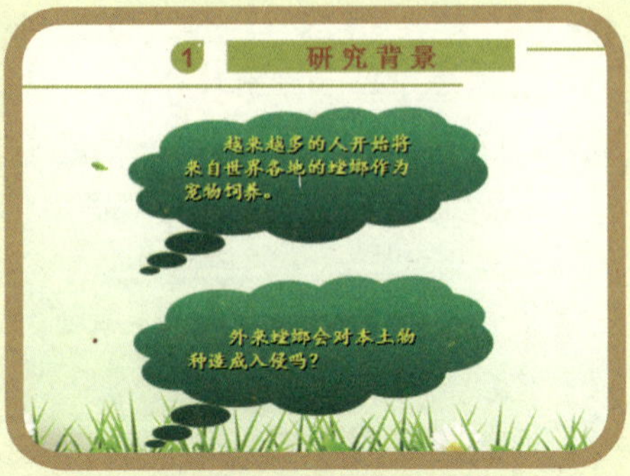

为了回答自己的问题，我们饲养了许多不同种类的螳螂。经过长期的观察和对比，我们选择了幽灵螳螂、兰花螳螂、中华大刀螳螂作为最终的研究对象。

我们希望了解这 3 种螳螂的生活习性和生存适应能力，并且比较这 3 种螳螂在颜色、气味、防御反应和捕食能力方面的特点，进而探讨外来螳螂物种对本地物种的影响。

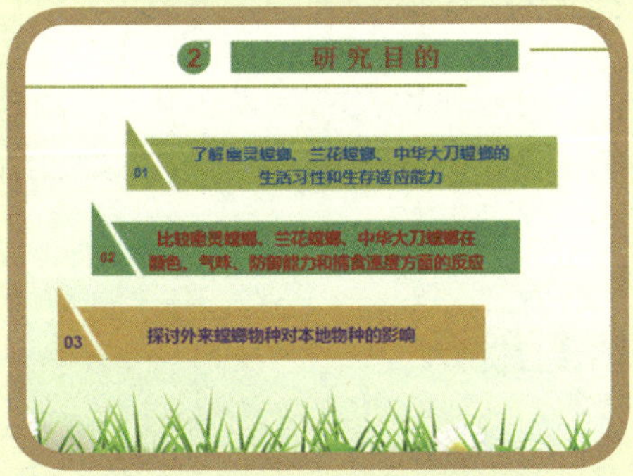

在具体的课题研究过程中，我们采用了查询资料、走访资深的螳螂饲养者和自己动手进行实验的方法。

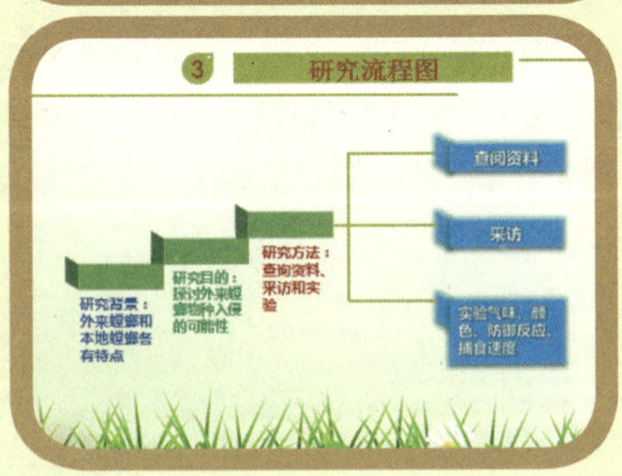

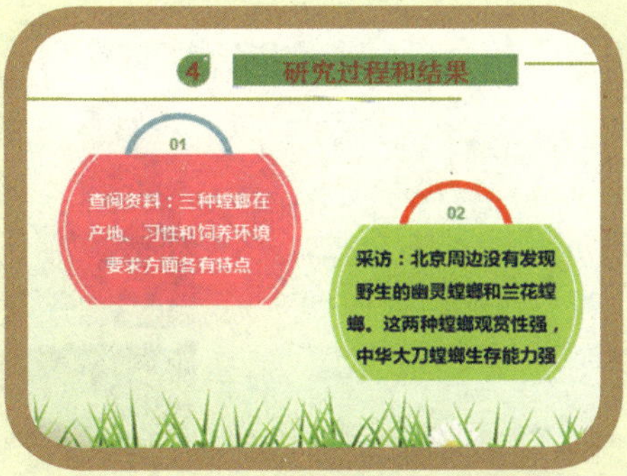

在查阅资料和采访资深螳螂饲养者的过程中，我们发现 3 种螳螂在产地、习性和饲养环境的要求方面各有特点。直观地看，幽灵螳螂和兰花螳螂的观赏性更强，中华大刀螳螂的生存能力略胜一筹。同时，在北京周边没有发现野生幽灵螳螂和兰花螳螂。

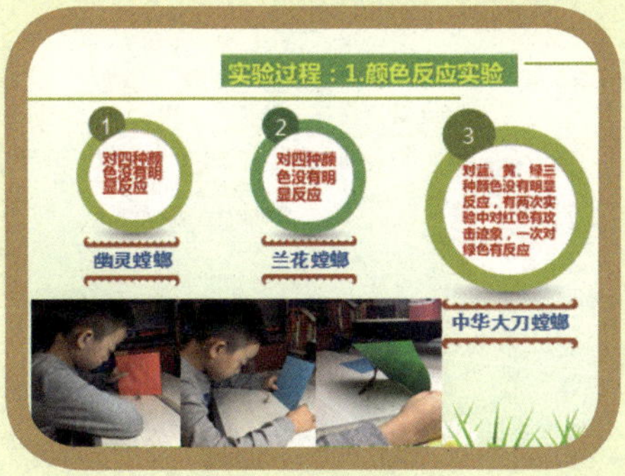

在颜色实验中，我们发现，中华大刀螳螂对红色产生明显的攻击反应，而幽灵螳螂和兰花螳螂对不同颜色都没有明显反应。

在气味试验中，我们发现，3 种螳螂对酸、甜、苦、辣等基本气味都没有明显反应。

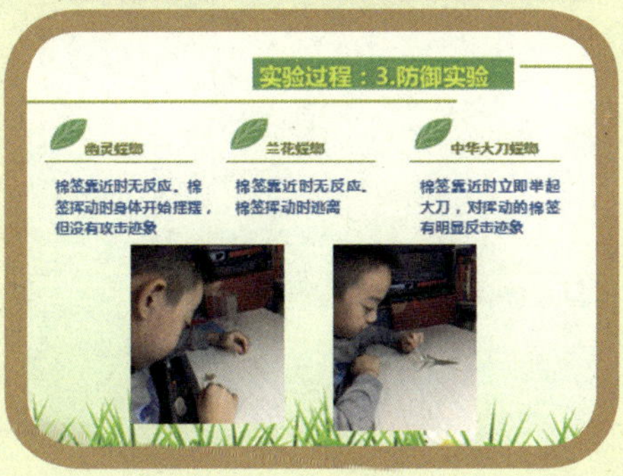

在防御反应实验中，我们发现，中华大刀螳螂对外来威胁反应强烈，迅速反击；幽灵螳螂出现身体摇摆的现象，处于警惕状态；兰花螳螂则迅速逃离。

在捕食实验中，我们发现，3 种螳螂都能迅速发现猎物。其中，中华大刀螳螂行动最为敏捷，表现为迅速靠近猎物并捕获；幽灵螳螂疑似利用身体伪装，吸引猎物主动靠近后再出击；兰花螳螂则是缓慢靠近猎物，在攻击范围内先保持静止，使猎物放松警惕再进行捕食。

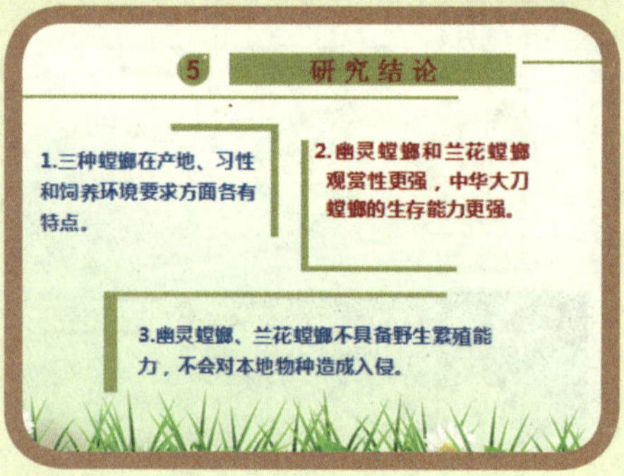

通过一段时间有目的、有重点的观察和实验，我们得出了如下结论：

1. 3 种螳螂在产地、习性和饲养环境的要求方面各有特点；

2. 幽灵螳螂和兰花螳螂的观赏性更强，中华大刀螳螂的生存能力略胜一筹；

3. 幽灵螳螂和兰花螳螂不具备野生繁殖能力，不会对本地物种造成入侵。

同时我们也建议：

1. 目前对螳螂的专业研究非常少，需要更加专业和科学的研究，探讨这些人工饲养和繁殖的外来螳螂物种会不会为适应环境本身产生变异，进而影响到本土物种。

2. 除螳螂以外，新奇宠物，包括昆虫饲养爱好者的数目在不断地增加。虽然螳螂本身对环境没有损害，但从生物生态学的角度看，其他外来物种在本地的饲养、繁殖以至于放生需要国家专业部门必要的管理。

科学研究故事

我和螳螂的经历

我对螳螂非常感兴趣，养过的螳螂不计其数。有漂亮的刺花螳螂、聪明的勾背枯叶螳螂、敏捷的南海透翅螳螂、凶猛的绿巨螳螂、罕见的马来枯枝螳螂、娇媚的兰花螳螂、优雅的弧纹螳螂、奇特的魔花螳螂、古怪的幽灵螳螂、威武的菱背枯叶螳螂、灵活的印度锥螳螂、身材瘦长的瘤刺螳螂、善变的苔藓螳螂，当然还有土生土长的中华大刀螳螂、狭翅大刀螳螂、绿静螳螂、棕污斑螳螂和薄翅螳螂等。饲养这些螳螂给我带来了许多乐趣，既有成功的经验，也有失败的教训。

1. 一次奇遇

一个偶然的机会，我在野外捕捉到两只棕静螳螂，很快它们就产了卵——螵蛸。这是我第一次遇到螳螂卵孵化。这个螵蛸呈淡黄棕色，有点近似于立体的平行四边形，表面看上去有均匀的纹理。我每天给它喷水，让它接触适量的阳光照射，保持温度和湿度。

大概过了小半年的时间，突然有一天，我发现装螵蛸的盒子里出现了数以千计的黑色小螳螂，如果不仔细观察，看上去就像一只只小蚂蚁。

孵化竟然成功了！我欣喜若狂！

2. 孵化的进程

首先，我把这些刚出生的小家伙放到几个大盒子中，买来果蝇给它们喂食。随着它们一天天长大，它们的颜色越来越浅，身体也越来越强壮。大自然优胜劣汰的法则在这些小螳螂身上体现得非常明显。有些弱小的个体不是被同伴吃掉，就是因为无力捕食饥饿而亡。虽然我把它们转移分置到不同的小盒子中，避免自相残杀，但是成百上千只个体逐渐自然淘汰，最后剩下几十只接近末龄的螳螂。

我把这些螳螂宝宝送给和我一样对大自然有兴趣的同学，让他们分享我的快乐。

3. 我的最爱

在所有成功长大的螳螂中，我最喜欢的是一只最强壮、最灵敏、最早成体的母螳螂，叫“霸王”。它在所有的螳螂中最早出生，长得最快也最大。一次，我不小心把一只体型足足有它一半大小的蟋蟀扔进了它的“房间”，正要捡出来，却见“霸王”已经凶猛地扑了上去，把蟋蟀牢牢钳住，大口啃噬；蟋蟀不停地挣扎，拖动着“霸王”左右摇摆，还试图用强壮的大颚反攻，但是最后还是难逃一死。“霸王”的凶猛可见一斑。

而存活时间最长的是“青铜”。它身材瘦长，翅膀上闪着青色的光芒，不及“霸王”

凶猛，但是行动敏捷迅速。它足足存活了将近一年的时间，算是螳螂中的寿星，要是按人类的年龄算，大概有 100 多岁了。

4. 感悟生命

这次孵化并饲养螳螂的经历让我受益良多。不仅近距离地观察了它们的生长过程，获得了第一手的知识和经验，还让我感悟到生命的神奇和伟大。我想，这就是自然带给我的无尽乐趣吧。

专家点评

该课题源于学生兴趣爱好，该学生通过观察多种螳螂在新环境的适应和生存状况，通过研究不同螳螂的特点使大家认识到外来螳螂物种对本土物种是否可能造成潜在威胁，是否适宜作为观赏宠物饲养，这是一个在生物学界比较前沿的科学问题。采用的调查法、实验法等研究方法，通过对比研究了在野外捕获的中华大刀螳螂和在宠物店购买的人工繁殖的幽灵螳螂和兰花螳螂在适应能力、主动攻击性、主要食物等方面的特点，得出了外来螳螂物种对本土物种不构成潜在威胁，适宜作为宠物昆虫观察饲养的结论，有一定的新颖性。

4 可食用吸管的研究

作　　者/周家旭
辅导老师/刘浩然　甄　奕

【摘要】随着塑料制品的广泛使用，“白色垃圾”已经成为人类急需解决的环保问题，塑料吸管也是塑料产品。是一次科学实验，让我产生了研究可食用吸管替代塑料吸管的想法，在老师和家长的指导下，通过查阅资料、走访访谈、问卷调查、科学实验等研究方法，调查目前塑料吸管的使用量和存在的隐患，发现塑料吸管的使用量很可观，有些不合格的塑料吸管对人体是有害的，通过实地考察，可食用吸管在国内外已经有成功使用的案例，问卷询问人们对可食用吸管的看法，得出结论是研制可食用吸管是可行的、必要的，所以建议大家今后尽量少用塑料吸管，希望有关部门探索研究可食用吸管，我认为人们在使用完可食用吸管后直接将其吃掉，不会产生任何垃圾，即使有人不喜欢吃，把它当作垃圾来处理，也会很容易降解，可食用吸管属于一种环保产品。

【关键词】可食用　吸管　环保　食品　饮料　餐具

一、研究背景

2015 年 11 月，我加入了“《中国日报》教育专刊小使者培训工程”，这个活动是利用双休日、寒暑假的时间，通过一系列课程培训、国际交流活动组织，提高青少年综合素质，在 2016 年寒假期间，我参加了关于环保方面的培训，撰写了一篇关于塑料对人体危害的小文章，并在开学的时候交给了老师，赵鹤老师认为我写的这篇文章不错，他说要是能够解决塑料使用的问题，将会是一篇更完整的报告，我想了一段时间，也没有想出什么好的解决办法。

2016 年 5 月 17 日，赵鹤老师在科学课上教我们制作会变色的芹菜，回家后我告诉妈妈，第二天，妈妈帮我买来芹菜，我们就开始动手制作起来，两天以后，芹菜秆果然变颜色了，我很是兴奋，感觉芹菜秆像吸管一样可以把带颜色的水吸入它体内，我突然想到吸管也是塑料做的，能不能做个芹菜吸管来替代塑料吸管，芹菜吸管使用完还可以吃掉，不会造成污染。

完全解决塑料替代物问题，我还做不到，但如果能解决一个小小的塑料吸管问题，也能让人们少一点使用塑料，为环保做点贡献。

二、研究目的

1. 调查塑料吸管的使用情况。
2. 调查人们对可食用吸管的接受程度。
3. 探索可食用吸管的替代物品。

三、研究方法

1. 研究方法及进度

方法	时间	地点	内容	目的
和老师交流意见	2016 年 5—6 月	学校科学教室	老师指导如何提出课题研究	确定研究项目
	2016 年 7 月	学校科学教室	老师指导如何完成课题研究的开题报告	
	2016 年 7 月	西城科技馆	老师指导如何完成课题研究	
查阅资料	2016 年 8 月	图书馆、科技馆、上网	1. 查询吸管的使用量； 2. 查询可食用吸管材料； 3. 寻找做吸管的工具； 4. 查询管理吸管的部门	为探索可食用吸管做准备
问卷调查	2016 年 8 月中旬	社会和家中	制作调查问卷，在家中和社会上收集问卷的结果	调查人们对可食用吸管的接受程度
走访访谈	2016 年 5—8 月	社会	1. 走访卖蔬菜的店铺，寻找植物吸管； 2. 走访餐厅询问使用吸管情况； 3. 调查可食用吸管情况	调查塑料吸管的使用情况，寻找可食用吸管材料
科学实验法	2016 年 5—9 月	家中	自己制作可食用吸管，观察可食用吸管的保存情况，品尝可食用吸管的味道和口感	探索可食用吸管的可行性
数据统计分析	2016 年 10 月	家中	对相关调查结果和记录结果进行汇总	为报告提供数据和理论依据
归纳总结	2016 年 10 月	家中	归纳总结，得出结论，提出建议	提出有意义的建议

2. 研究流程图

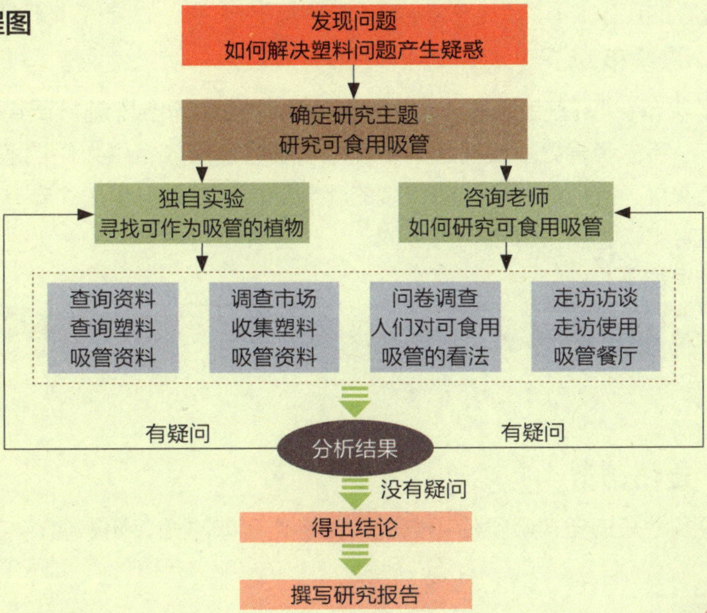

图 1　研究流程

四、研究过程和结果

（一）查询资料

我带着各种疑问，在图书馆和中国知网等一些网站查询，获得许多我想要的资料。

1. 塑料制品有毒吗?

《塑料制品常识》这本书让我知道塑料的成分及与日常生活有关的一些信息，比如聚氯乙烯制品的毒素，主要源于铅盐与氯化氢，使用时要注意使用条件。

2. 中空植物有哪些?

在日常生活中，我知道的中空的植物有竹子、空心菜、芦苇、竹子、莲藕、小麦、水稻、水芹菜、葱叶等，通过上网查询确认它们都对人体无害。

3. 是否已经有可食用吸管?

通过查询，我没有找到研制好的可食用吸管，查询到早在2003年顾亲晨已经申请《中空植物茎杆吸管及制作方法》的专利，但这不是可食用吸管，我想在此基础上探索可食用吸管。

4. 塑料吸管的生产量是多少?

经查阅资料，义乌市双童日用品有限公司是一家塑料吸管生产公司，年生产各类塑料吸管近万吨（200多亿支），这也仅仅是一家生产塑料吸管的企业，全国还有许多生产塑料吸管的厂家。

（二）调查市场

为了了解塑料吸管使用量情况，我对超市、餐厅等市场进行调查。我去了物美、天客隆超市，还去了肯德基，在超市中，除了服务台摆放着供人们自取吸管的盒子，在各种软包装饮料、各种盒装和塑料包装的乳制品边上，都粘着一个塑料吸管。所以塑料吸管是快餐店和软包装饮料必不可少的。

调查结果如下：

地点 种类	肯德基	天客隆	物美	好邻居	餐厅
塑料吸管种类	1	3	3	3	2

（三）走访访谈

为了更多地知道塑料吸管使用情况，我走访了咖啡馆、奶茶店。

1. 星巴克

暑假期间，我在美国星巴克发现有一种用蛋卷和巧克力做成的可食用吸管，于是我询问了店员有关情况，他们告诉我这是在美国生产的，只有在星巴克里才能买到。回到北京后，我走访了我家附近的一家星巴克，它们也有这种吸管，是从美国进口来的，但他们的本意是把它既作为吸管，又当成一种小甜点，这样配着咖啡使用和食用，会很有意思，同时也提倡了一种环保意识。

图 2　星巴克蛋卷吸管

2. 奶茶店

我走访了我家附近的一个大鸡排奶茶店，根据主管统计，这家店每天使用塑料吸管大概是 80 支，他说大概北京有 2 000 多家大鸡排奶茶店，目前他家塑料吸管的成本是 0.05 元 / 支，主管认为如果真的有可食用吸管选择的话，他们愿意尝试，因为他认为可食用吸管既环保又可以让客户有多种选择，是一个很不错的想法，他能够接受的价格是 0.85 ～ 1.15 元 / 支。

图 3　大鸡排奶茶店吸管

（四）设计调查问卷

大家了解可食用吸管吗？平时大家使用吸管的习惯如何？带着这些疑惑，我设计了《可食用吸管推广调查》的调查问卷，问卷发放给我身边的朋友、老师和同学，还有爸爸和妈妈的朋友、同学、同事，问卷如下：

可食用吸管推广调查

1. 您是否经常使用塑料吸管？

（1）是　　（2）否

2. 您使用完塑料吸管后如何处理？

（1）洗干净继续使用　（2）丢弃　（3）其他____

3. 您认为塑料吸管对自然环境有危害吗？

（1）有危害　（2）没有危害　（3）不知道

4. 您听说过可食用吸管吗？

（1）有　　（2）没有

5. 您愿意尝试可食用吸管吗？

（1）愿意　　（2）不愿意

6. 如果您愿意试用可食用吸管，您喜欢哪种口味？

____

问卷调查发出后共收回 96 份电子答卷，20 份纸质答卷，根据调查问卷结果，我对数据进行了统计分析。

1. 您是否经常使用塑料吸管？

选项	调查人数 / 人	比例 /%
是	79	68.1
否	37	31.9

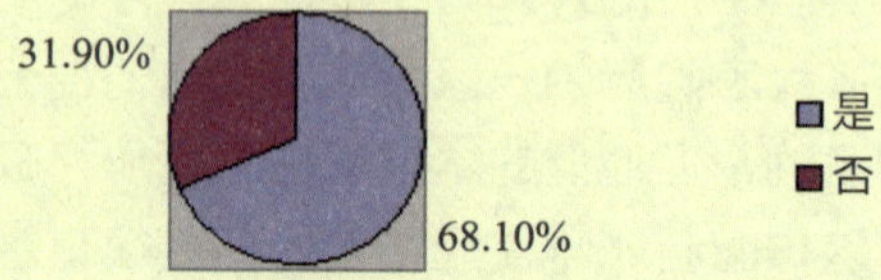

2. 您使用完塑料吸管后如何处理？

选项	调查人数 / 人	比例 /%
洗干净继续使用	6	5.17
丢弃	107	92.24
其他	3	2.59

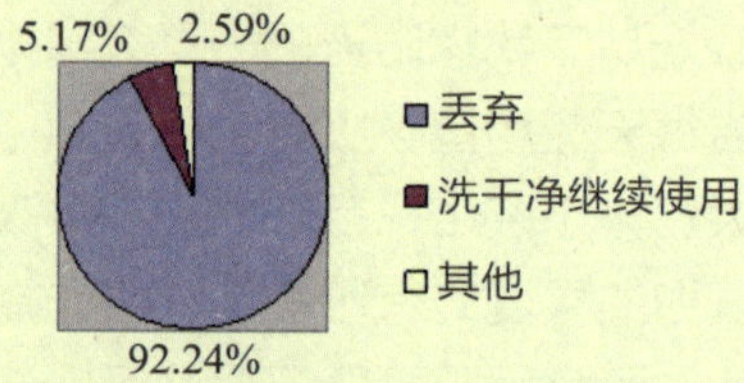

3. 您认为塑料吸管对环境有危害吗？

选项	调查人数 / 人	比例 /%
有	110	94.82
没有	3	2.59
不知道	3	2.59

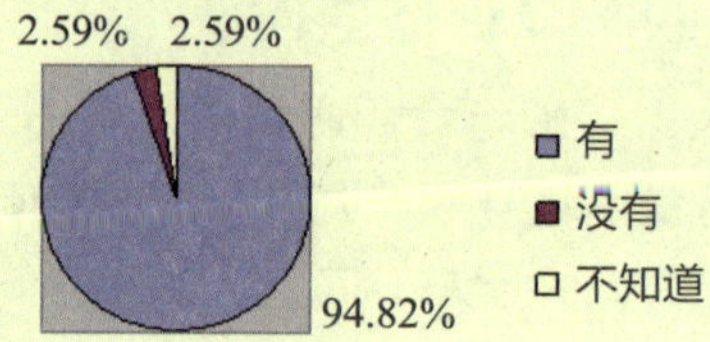

4. 您听说过可食用吸管吗？

选项	调查人数 / 人	比例 /%
有	20	17.24
没有	96	82.76

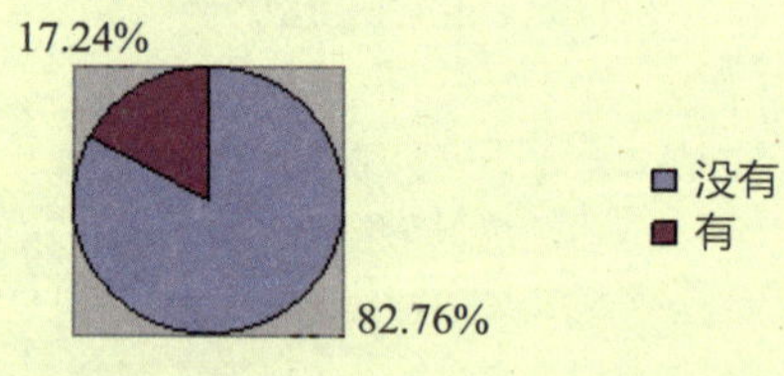

5. 您愿意尝试可食用吸管吗？

选项	调查人数 / 人	比例 /%
愿意	103	88.79
不愿意	13	11.21

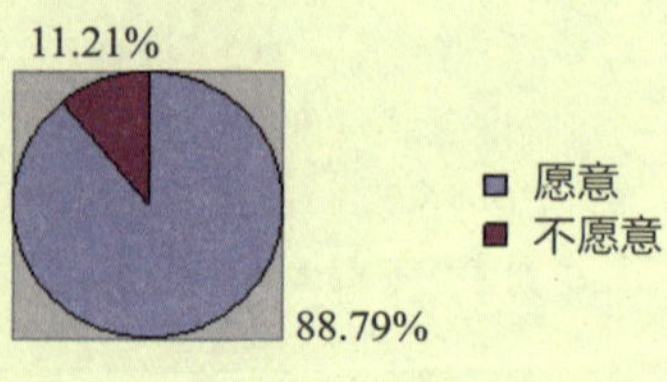

6. 如果您愿意试用可食用吸管，您喜欢哪种口味？

选项	调查人数 / 人	比例 /%
水果	67	63.81
巧克力	13	12.38
蔬菜	5	4.76
无味	3	2.86
其他	17	16.19

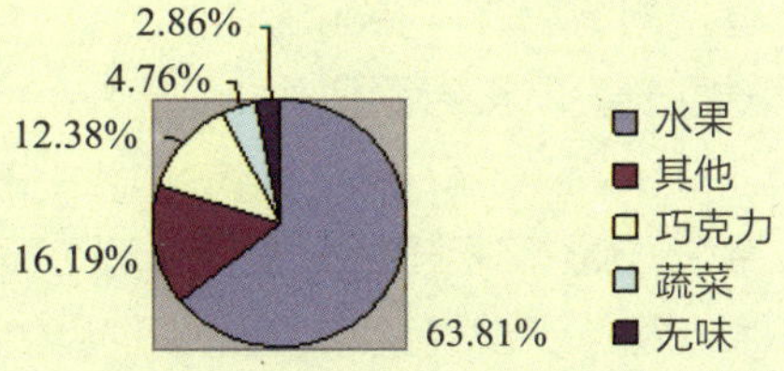

（五）科学实验

为探索可食用吸管，我首先想到先使用中空植物做实验，因为它们和塑料吸管很像。

实验材料：空心菜、竹子、芦苇、藕带、蛋卷。

实验工具：剪刀、刀、竹签子、铁签子、水杯。

实验制作步骤：

（1）空心菜吸管

①取空心菜几根，将叶子摘掉，只留茎。

②清洗空心菜茎秆。

③将茎秆用刀截成 20 厘米长。

④将茎秆之间的连接处捅开。

⑤取一杯水进行吸取。

（2）竹子吸管

①取竹子一根，用刀将枝丫去除。

②清洗竹子。

③用刀将竹子按照它一节长短截取。

④取一杯水进行吸取。

（3）芦苇吸管

①取芦苇一根，将外皮和叶子剥去。

②清洗芦苇秆。

③用剪刀将芦苇按照它一节长短截取。

④取一杯水进行吸取。

（4）藕带吸管

①取藕带一根。

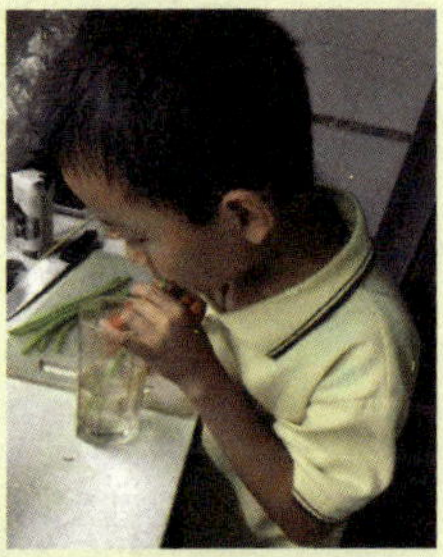
图 4　试用空心菜吸管

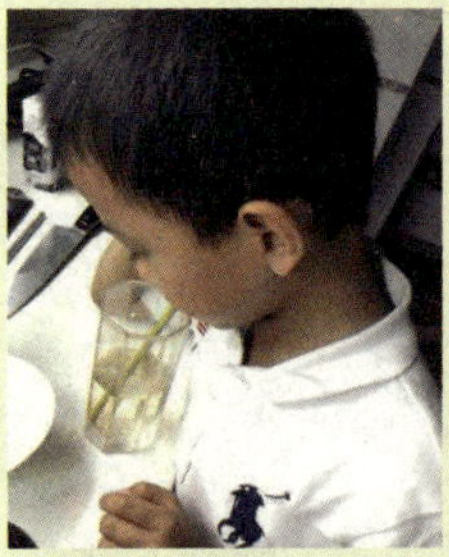
图 5　试用竹子吸管

图 6　试用芦苇吸管

图 7　试用藕带吸管

图 8　试用蛋卷吸管

②清洗藕带。

③用刀将藕带两头切除。

④取一杯水进行吸取。

（5）食品吸管

我发现超市里卖的各种蛋卷都可以做可食用吸管，还有薯条、意大利面也可以做可食用吸管，于是我买回来也做了实验。

通过科学实验，我得出如下结果：

实验对比	制作难易	软硬度	吸水量	储存情况	口感
空心菜	适中	比较软	适中	不易储存	清香
竹子	不易切	太硬	适中	易储存	不能吃
芦苇	不易切	较硬	适中	易储存	不能吃
藕带	简单	合适	大	不易储存	甘甜
蛋卷	复杂	有些脆	少	易储存	好吃

我认为探索可食用吸管的实验结果是成功的，我最喜欢藕带做的吸管，在吸水的同时有一种植物的甘甜味道，但针对中空植物吸管的保存还存在问题，比如空心菜和藕带，放在常温环境中，一天就干瘪了，放在冰箱中，一周后也会干瘪。其实，在科学实验探索中，我还选择了许多材料做过实验，有葱叶、水芹菜、南瓜秧、丝瓜秧，葱叶太软，吸两下就不能用了，其他植物都面临着保存的问题。

竹子和芦苇吸管比塑料吸管有些硬，长短不太好掌握，但保存时间可以和塑料吸管一样，我放了将近 5 个月，还完好无损，但它们不可以食用。

蛋卷和薯条吸管也很成功，但如果在饮料中泡上两分钟，会变软，就不太好用了，意大利面吸管倒是挺好用，就是有些硬。

五、分析总结

（一）塑料吸管存在隐患，但生活中到处可见

1. 塑料吸管的成分存在健康隐患

塑料吸管大多是由聚氯乙烯（PVC）研制生成的，一旦接触高温物质后，便会产生有毒物质，对人体的危害较大（摘自《塑料制品常识》），而且国家安全质量部门也查出过有些塑料吸管质量不合格，虽然问题如此之多，但我们生活中却离不开塑料吸管。

2. 塑料吸管的使用量非常大

根据我的调查研究，目前在我们生活的环境中，塑料吸管的使用量还是很大的。

在全国还有许许多多的餐厅、冷饮店、咖啡厅每天都在消耗着塑料吸管，使用量就可想而知了。

（二）人们愿意使用可食用吸管

随着人们生活水平的提高，越来越多的人开始关注自己的身体健康，人们的环保意识也在逐步增强，根据我的调查数据，愿意使用可食用吸管的人还是占很大比例的。

在我回收的问卷调查中，问题“您愿意尝试可食用吸管吗？”回答中，回答愿意使用的人占总人数的 88.79%，占的比例是很大的。

（三）探索可食用吸管是可行的

通过我的各种实验，我认为探索可食用吸管是可行的，星巴克蛋卷吸管应该算作一个小小的成功案例，在中国也有生产蛋卷的工厂，食品安全问题完全可以得到保障，应该也能够生产出同样的可食用吸管。

六、建议

（一）建议先在学校和环保网站宣传介绍可食用吸管

建议先在学校和网络媒体尽可能多地宣传介绍可食用吸管的意义，比如在北京第二实验小学，我可以作为一个小小义务宣传员，给同学们讲讲可食用吸管的好处，也可以把我的想法做成文字版，放在网站、朋友圈或者各种群中，和大家分享我的理念，起到宣传的作用。

（二）建议国家食品药品监督管理局探索可食用吸管

建议国家食品药品监督管理局探索各种可食用吸管，比如用藕带做成可食用吸管，还可以做成薯条、蛋卷或者意大利面可食用吸管，并做成不同口味，以供人们选择。

（三）建议在小范围内推广使用可食用吸管

建议先在小范围内推广使用可食用吸管，比如一些小餐厅、冷饮店、咖啡厅等使用塑料吸管的地方试着推广使用可食用吸管，如果实验成功，再进一步扩大推广范围。

七、收获体会

通过研究可食用吸管，我有许多感想和收获，其中有一点给我的印象最深，那就是遇到困难时不要气馁，细心琢磨可以换个方法解决问题。

在起初研究可食用吸管时，我想找到塑料吸管的年产量，我通过上网和去图书馆查找，都没有找到，这个问题可把我难倒了，我想了一周也没有想出该怎样做。接下来我就去各个超市和快餐店调查它们塑料吸管的情况，在调查的过程中，我得到咖啡店每天使用塑料吸管的数据，我想可不可以利用这个数据去计算塑料吸管的使用量呢？这样统计塑料吸管在人们生活中使用的情况，可以间接体现塑料吸管的生产量，我把这个想法告诉了老师，得到了老师的肯定，这样困扰我的问题就解决了。

八、下一步工作方向

我小时候经常吃一种拇指饼干，如果把这种饼干中心做成空心的，就可以当可食用吸管使用，所以下一步我准备研究饼干式可食用吸管，我感觉饼干式吸管不那么脆，可能会比蛋卷吸管好用一些。

九、致谢

首先，我要感谢赵鹤老师，是他鼓励和推荐我参加这个活动。感谢甄奕老师帮助我确定研究主题方向，教我写论文，为我解决各种实际问题，并督促我按时完成项目的申报。感谢北京市西城区青少年科技馆刘浩然老师帮助我解决研究过程中遇到的困难，感谢各位老师在研究过程中对我的悉心指导。其次，感谢爸爸、妈妈陪伴我去市场进行调查、在家里做各种实验、为我的论文提出各种建议。最后，还要感谢参与问卷调查的各位家人们，感谢在研究过程中给予我帮助的所有人。

十、参考文献

［1］邓耕升 . 塑料制品常识 [M]. 天津：天津人民出版社，1977.

［2］刘均科，等 . 塑料废弃物的回收与利用技术 [M]. 北京：中国石化出版社，2001.

［3］云雨编 . 吸管编物 [M]. 西安：陕西旅游出版社， 2002.

［4］日本靓丽出版社编著 . 塑料瓶中的创意生活 [M]. 灵思泉译 . 郑州：河南科学技术出版社，2008.

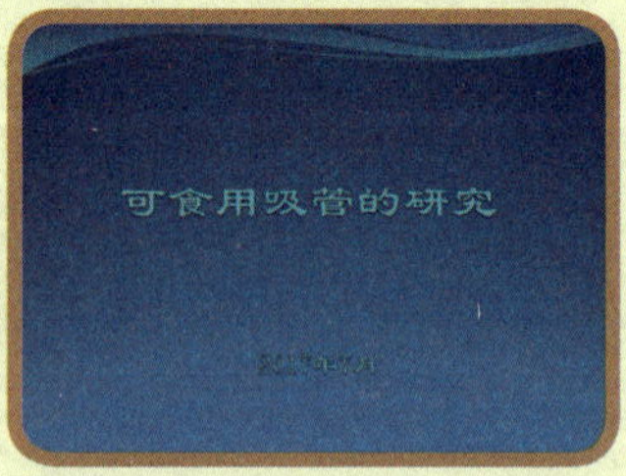

PPT 展示

在一次科学课上，老师教我们制作会变色的芹菜，回家后我告诉妈妈，第二天，妈妈帮我买来芹菜，我们就开始动手制作起来，两天以后，芹菜秆果然变颜色了，我很是兴奋，感觉芹菜秆像吸管一样可以把带颜色的水吸入它体内，就是这个小小的实验，引发我研究植物茎秆吸管。当 2016 年 5 月科学老师问我是否愿意参加学校金鹏科技团时，我毫不犹豫地回答“参加”。加入这个团队后，在老师的帮助引导下，我确定了自己的研究课题《可食用吸管的研究》，直至今日，我还在持续坚持我的研究，完全解决塑料替代物问题，我还做不到，但我想用植物茎秆来代替塑料吸管，也能够让人们少一点使用塑料，积少成多，集腋成裘，为环保做出贡献。下面我给大家介绍一下我的研究课题。

目录

一、研究背景
二、研究目的
三、研究方法及进度
四、研究流程图
五、研究过程
六、分析结果
七、归纳总结
八、建议
九、体会
十、下一步工作方向

一、研究背景

可食用吸管的研究源自我在科学课上做的一次芹菜变色的实验。

我的研究目录从研究背景到下一步工作方向，一共有十项。

我的研究目的是调查塑料吸管的使用情况，寻找能做成吸管的植物和食物，调查人们对可食用吸管的接受程度，对可食用吸管进行宣传，并建议国家有关部门研发和使用。

我的研究方法是和老师交流意见、查阅资料、问卷调查、走访访谈、科学实验法、统计分析、归纳总结、持续研究，研究的时间是从 2016 年 5 月至今。

二、研究目的

1、调查塑料吸管的使用情况。
2、寻找能做成吸管的植物和食物。
3、调查人们对可食用吸管的接受程度。
4、对可食用吸管进行宣传，并建议国家有关部门研发和使用。

三、研究方法及进度

方法	时间
和老师交流意见	2016年5月-7月
查阅资料、问卷调查	2016年8月
走访访谈	2016年5月-8月
科学实验法	2016年5月-9月
统计分析	2016年10月
归纳总结	2016年10月
持续研究	2016年10月-至今

我的研究流程是从发现的问题来确定研究主题，在确定研究主题后，进行咨询老师、查阅资料、调查市场、问卷调查、走访访谈和独自实验，再将以上研究过程中的资料结果进行分析，得出结论，最后撰写研究报告，其中在分析结果时如果有疑问，就再返回到过去的研究过程，对结果再次论证。

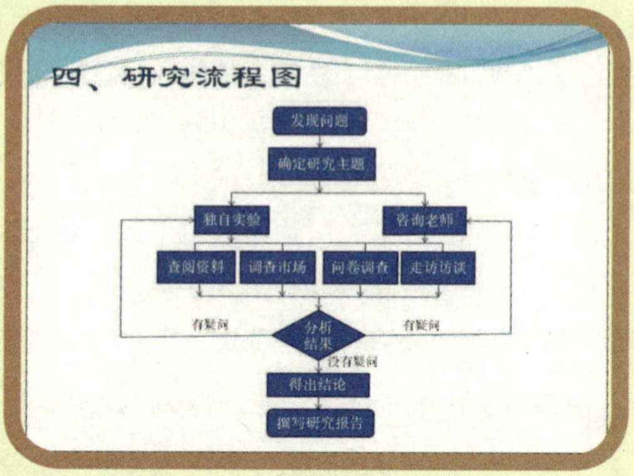

我的研究过程包括查阅资料、市场调查、走访访谈、设计问卷调查和科学实验，其中查阅资料我是在图书馆和中国知网等一些网站查询，获得有关资料。

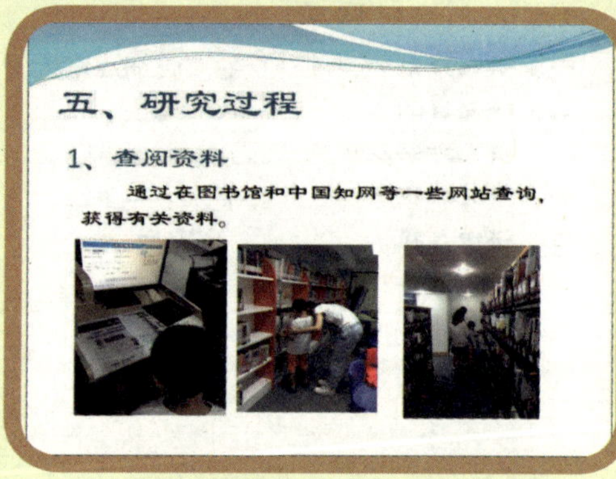

为了解塑料吸管的使用量情况，我对超市、餐厅等市场进行调查。

为进一步调查塑料吸管的使用情况，我走访访谈了星巴克咖啡厅和一家大鸡排奶茶店。

在走访访谈星巴克咖啡店时，我发现一种叫“脆吸棒”的可食用吸管，这是星巴克在2016年7月投入市场的，类似我们平常吃的蛋卷。

为了解大家对可食用吸管的看法，我设计了《可食用吸管推广调查》的问卷。

在科学实验中，我使用空心菜、藕带、水芹菜、蛋卷、薯条等蔬菜和食品进行尝试做成可食用吸管，效果感觉还可以。

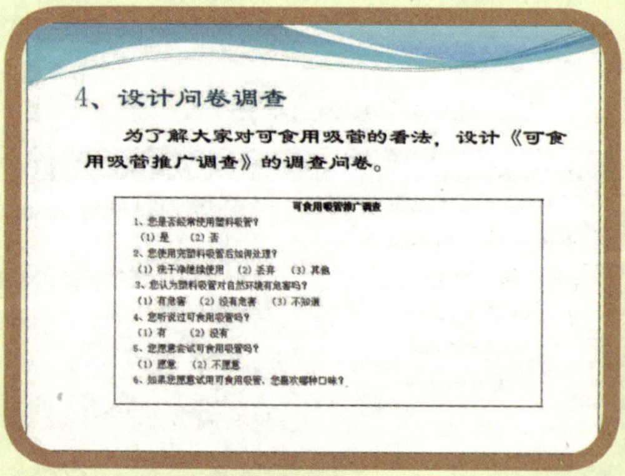

在实验过程中，我将实验结果进行记录，做出实验对比结果表。

根据以上研究，我对研究结果进行分析，其中塑料吸管的调查结果是使用量比较大，在中国星巴克一天使用塑料吸管的量为63万支，一年就要使用22 995万支吸管，这仅仅是星巴克这个咖啡店的使用量，中国还有很多家咖啡店和餐馆每天都在使用塑料吸管，使用量就可想而知。

我对问卷调查结果也进行了分析，在问卷调查发出后，收回 96 份电子问卷，20 份纸质答卷，其中经常使用塑料吸管的人占 68.1%。

92.24% 的人将使用完的塑料吸管丢弃。

94.82% 的人认为塑料吸管对自然环境有危害。

82.76% 的人没有听说过可食用吸管，但让我很高兴的是，还有 17.24% 的人听说过可食用吸管，我认为基本没有人知道，比我想象的还多一些。

88.79% 的人愿意尝试可食用吸管，说明大多人接受可食用吸管。

在可食用吸管的口味上，人们提出各种想法，63.81% 的人喜欢水果口味。

根据科学实验结果，我觉得藕带做可食用吸管是最好的，它在吸水时还略微带一点甘甜的味道。

通过调查研究，我归纳总结出探索可食用吸管是可行的，人们愿意接受和使用，并且符合环保的要求。

为此，我提出如下建议：建议宣传可食用吸管，建议国家食品药品监督管理局探索研发可食用吸管，如果可能在小范围内推广使用。

通过研究可食用吸管，我有许多感想和收获，体会到科学研究的艰辛，学会从小事做起、积少成多和坚持，学会做人做事的道理，学到许多知识。

我小时候经常吃一种拇指饼干，如果把这种饼干中心做成空心的，就可以当可食用吸管使用，所以下一步我准备研究饼干式可食用吸管，我感觉饼干式吸管不那么脆，可能会比蛋卷吸管好用一些。

最后，我要感谢北京第二实验小学，学校为我们提供了能够参与社会实践的各种机会，感谢我的辅导老师们，是他们教会我每一步研究过程，感谢我的爸爸、妈妈，他们在时间和精力上付出许多，谢谢大家！

5、科学实验

使用空心菜、藕带、水芹菜、蛋卷、薯条等蔬菜和食品进行尝试做成可食用吸管，效果感觉还可以。

实验对比

实验对比	制作难易	软硬度	吸水量	储存情况	口感
空心菜	适中	比较软	适中	不易储存	清香
竹子	不易切	太硬	适中	易储存	不能吃
芦苇	不易切	较硬	适中	易储存	不能吃
藕带	简单	合适	大	不易储存	甘甜
蛋卷	复杂	有些脆	少	易储存	好吃

六、分析结果

(一)塑料吸管的使用量

根据我市场调查结果，在中国星巴克一天使用塑料吸管的量为63万支，一年就要使用22995万支吸管，使用量比较大。

(三) 科学实验结果

我认为探索可食用吸管的实验结果是成功的，我最喜欢藕带做的吸管，蛋卷和薯条吸管也很成功，但如果在饮料中泡上两分钟，会变软，就不太好用了，意大利面吸管倒是挺好用，就是有些硬。

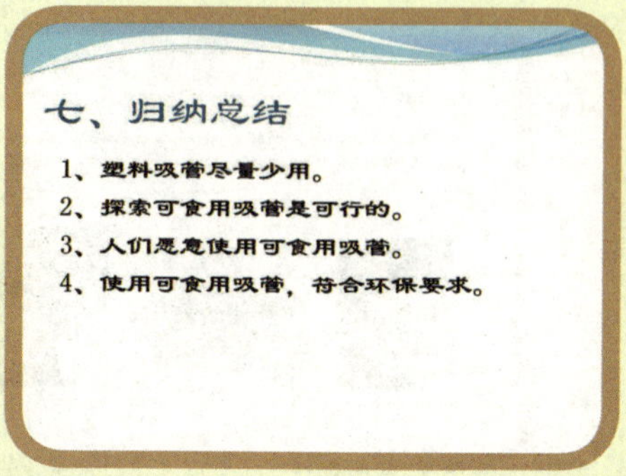

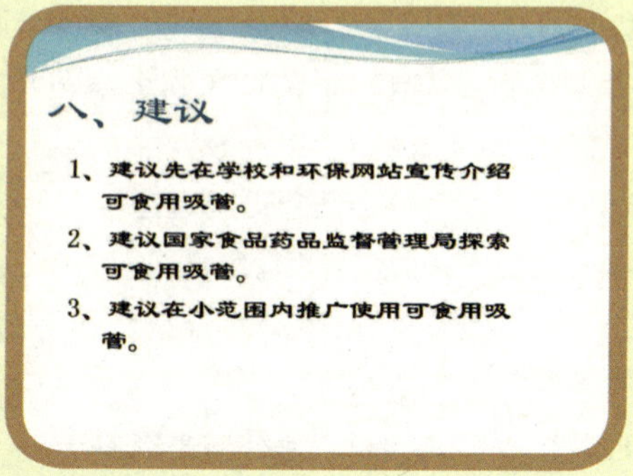

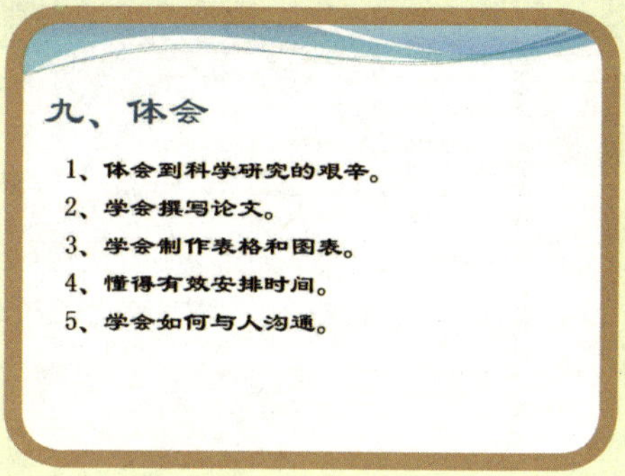

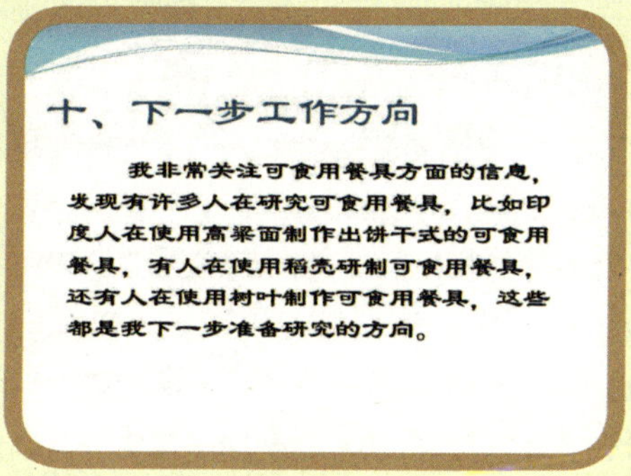

科学研究故事

小实验带来新研究

1. 研究灵感来自于一个有趣的小实验

我是一个小小的科学爱好者，研究可食用吸管是一项很有意思的科学实验，它源自我们在科学课上老师教我们的芹菜变色实验，按照老师课堂上教我们的程序，我准备了 7 种颜料来做实验，想做成一个七彩的芹菜，我拿了 7 个透明的杯子，将每一个杯子注入多半杯水，将赤、橙、黄、绿、青、蓝、紫 7 种颜料分别滴入 7 个杯中，每个杯子滴入两滴，7 个杯子顿时变成七彩杯子，接下来，我将芹菜秆剪成 7 段，分别将它们插入带颜色的杯中，然后就是耐心等待了。第二天放学后，我急忙冲进厨房，仔细观察我的七彩芹菜，但芹菜没有什么变化，我开始有些怀疑这个实验，妈妈说不急，也许需要更多时间呢，第三天放学后，我还是第一件事就冲进厨房，哈哈，芹菜秆果然变色了，在芹菜的茎脉上挂着丝丝的颜色，其中红色最明显，可能是因为芹菜本身就是绿色的，所以绿色还是有些看不出来，这个小小的实验让我体会到成功不是一蹴而就的，是需要时间去等待。在做芹菜变色实验期间，我正在琢磨我的研究主题，曾经想过研究水果面膜，研究鸟类，研究环保，研究古建筑等，看着这红色的芹菜秆，我突发奇想，可不可以研究芹菜秆做吸管呢？因为在做芹菜变色实验之前，我听了许多关于环保的讲座，其中有一讲就是讲塑料给我们人类造成的危害，我想人们平时使用的吸管也是塑料做的，要是把它变成芹菜吸管，人们用完就可以直接吃了，我把这个想法告诉妈妈，妈妈很是支持我，启发我还可以用空心菜等中空的植物去做吸管，并让我跟老师沟通一下自己的想法，看看是否可行，于是我找到甄老师，把我的想法告诉他，甄老师也很鼓励我，还帮助我确立研究主题，我开始只是想研究中空植物茎秆做吸管，是甄老师帮助我扩展思路，他说可以把研究范围再扩大一些，研究可食用吸管，就这样我的研究主题确定为可食用吸管的研究。

2. 研究过程不是一帆风顺，但充满乐趣

在研究的过程中，每当家里需要买菜时，我都是主动请缨，因为这样可以帮助我找到可作为吸管的菜品。有一次我买来丝瓜秆，看到它秆的末端有点空隙，以为丝瓜秆也是中空的，买回家后，我想把它截成 20 厘米的长度，直接去实验吸水，可截断一看，原来丝瓜秆不是中空的，于是我就找来一个细长铁签子，想把它中间的实心给捅开，第一个我把茎壁捅漏了，第二个没捅漏，但捅到两个茎秆连接处，怎么也捅不动了，于是我叫来妈妈，妈妈帮助我一起终于把连接处捅开，废了九牛二虎之力，我才知道植物两个茎秆连接处是不相通的，我吸取这个经验教训，在接下来研究南瓜秆吸管时，特意绕过两节茎秆连接处，这样制作起来就方便些。我还发现，各种瓜类的茎秆连接处都比较硬，蚕豆茎秆的连接处就是一层薄薄的膜，很好疏通，但竹子和芦苇的茎秆连接处非常硬，根本无法捅开，只能就着竹子和芦苇一截茎秆的长度来做吸管。通过可食用吸管的研究，我认识许多植物的根茎叶，还对它们的软硬度都有所了解，特别是家里吃的各种蔬菜，妈妈开玩笑说，以后我家每天吃菜就找我了，我对妈妈说，以后发现什么新菜种，一定要告诉我！

专家点评

本课题来源于学生日常生活，针对日常生活中塑料吸管的替代品——可食用吸管进行调查研究，选题新颖、研究思路清晰、数据丰富、翔实可靠，使用了文献阅读、调查研究和实验研究的方法，研究方法科学；提出的塑料吸管的成分存在健康隐患；发现了塑料吸管的使用量非常大；88.79% 的人们愿意使用可食用吸管，探索可食用吸管是可行的结论有新意；有推广价值。

5 学生用笔的安全调查研究

作　　者 / 杜欣恬

辅导老师 / 杨海燕　甄　奕

【摘要】目前学生使用的笔越来越新奇，越来越多造型奇特的笔走进校园，这些笔除了书写功能外还附加了玩具的功能。通过调查和研究发现，目前学生对于文具的安全意识不足。建议加强学生使用文具的安全教育，增强学生的自我防护能力和对安全文具的辨识能力，倡导学生购买和使用标准化文具，不在学习中使用玩具笔。建议国家相关部门完善目前的《学生用品的安全通用要求》，细化安全标准，根据不同年龄划分未成年人的平均能力及学生用品本身的安全情况，制定适合的安全标准。增加笔外观可见的小零件和笔上橡皮头的尺寸、牢固度、空气流通的安全要求。建议质量监督和工商管理部门加强学生用品的质量监管。

【关键词】学生文具　笔的质量安全　玩具笔

【创新点】1. 通过试验发现有些笔的尾端笔塞、笔的橡皮头、笔上的装饰物与笔体固定不牢固，这些小零件尺寸小、外形光滑，如发生不慎吞咽极易进入气管，可导致窒息危险。针对目前《学生用品的安全通用要求》没有对这些小零件牢固度和通气量的要求，本研究提出完善相关标准的具体建议。2. 通过调查发现拥有玩具笔的学生占比大，作者对异形玩具笔的安全性和其对学习的影响进行了研究。

一、研究背景

在学校里，我发现同学们使用的笔越来越“新奇”，这些笔越来越像玩具，这引起了我的关注。根据国家统计局 2014 年发布的《国民经济和社会发展统计公报》，在校学生人数近 2.5 亿人，其中未成年人按年龄和教育阶段分为 6 类，达到 2.2 亿人。学生群体这么庞大，且年龄、安全意识、自控能力都不尽相同。对于文具的选购和使用中小学生是否具有安全意识？我们使用的文具安全吗？现行的标准是否需要完善和提高呢？带着这些疑问我进行了研究。

二、研究目的

1. 了解学生使用书写笔的现状，提高学生用笔的安全意识，倡导学生购买和使用符合质量安全标准的学习用笔。

2. 通过检测发现学生笔的质量问题和存在的安全隐患，提出完善学生用品的安全标准的建议。

三、研究方法

文献查阅法：通过上网搜索和去中国标准出版社查阅资料，查阅国家关于学生用品和笔的质量标准。

实地考察：走访超市、文具店、批发市场，了解笔的种类、款式、品牌、价格等。

调查问卷法：设计针对学生和家长的调查问卷，了解学生使用笔的现状和安全意识。

访谈法：设计访谈问卷，访谈 3 位教师对于玩具笔的看法。访谈专家了解关于笔的质量安全相关问题。

实验法：进行耐冲击、拉力试验，进行小零件、笔帽的检测试验，评价笔的物理指标的合格情况。

统计分析法：用 Excel 图表对统计问卷和实验数据进行统计分析。

四、研究思路

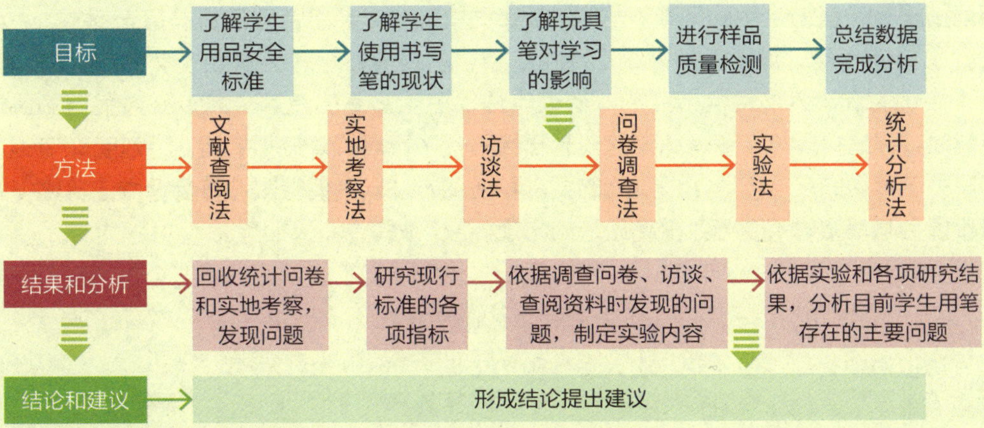

五、研究过程

1. 查阅资料

全国文具标准化技术委员会的官网在 2016 年 9 月 6 日首页的行业新闻头条转载《羊城晚报》的题为《儿童文具不要猎奇》的文章，文章中提到“市面上有一些所谓‘创意文具’，颇受小朋友欢迎。但家长们需要留意，并非所有看起来好玩新奇的文具，都能‘引发小朋友学习的乐趣’，其中的安全隐患需要防范”。《经济导报》2014 年 2 月 28 日文章《安全文具标准待“长高”》中提到“中国国家轻工业铅笔质量监督检测中心主任卢请表示，我国在文具标准的制定方面相对落后，缺乏健全的标准体系”。

欧美国家对于不同年龄段的儿童文具都有相应的标准。例如，针对儿童或小于3岁以下年龄使用的文具，在欧洲需要通过En71（对文具无机有毒元素溶出、文具有机有毒化合物）的要求和Phthalates（主要针对含有塑料材料的产品，如塑料、橡皮等）的测试，对自己所使用的化学物质的CAS码进行备案，大多数颜料、油墨、蜡笔、彩色铅芯、胶水等要求通过TRA（对文具中粉体和液体成分的评估）的评估。而我国却没有细分年龄段的学生用品安全要求。

2. 实地考察

实地考察了小商品批发市场的14个文具摊位、2家文具店、2家大型超市、1家大型商场和淘宝网，在淘宝网搜索关键词“玩具笔”“玩具文具”，能搜索出大量新奇奇特的异型笔、仿真玩具笔等。小商品批发市场和文具店销售的笔款式比较时尚新颖，笔帽上的各种装饰物较多，这类笔基本占到同类文具总数的10%～20%，我向店主询问，他们告诉我，这种带有装饰和挂坠的笔销量很好，尤其是特别受低年级的小学生欢迎。商场和超市的笔主要是品牌笔，尤其是超市销售的笔大多包装齐全。

3. 走访专家、访谈老师

走访海淀出入境检验检疫局，咨询玩具检测实验室的专家，请专家对我们购买的玩具笔样品进行评价，专家认为这些笔已经具备了玩具的外形和功能。通过咨询专家，了解关于笔帽的尺寸和笔帽通气孔的要求和检测方法，我们得知，符合标准的笔帽在儿童不慎吞咽笔帽时不会导致窒息危险的出现。以下为访谈记录：

表1　专家访谈记录

访谈对象：高主任（海淀出入境检验检疫局）

序号	访谈问题	回答
1	目前关于笔的质量安全检测要求标准是什么？	目前执行的是《学生用品的安全通用要求》，关于笔的检测主要针对可迁移元素和笔的上帽安全。
2	笔帽安全如何检测？为什么设定这样的标准？	主要看笔帽是否有通气孔，如果没有通气孔，就要检查笔帽尺寸是否合格，有通气孔的笔要测量通气量是否符合标准。设定这个标准是为了防止学生在使用笔的时候如不慎发生吞咽笔帽的情况，不会导致窒息危险的发生。
3	我的同学会买很多玩具一样的笔，请您看看这些笔应该如何检测，是否合格？	从你拿来的样品看，这种类型的笔我们原来没有检测过，但它们已经具备玩具的外形，可以使用玩具检测标准对它们进行检测。你提出的问题很有意义，值得思考和研究。

通过访谈两位小学老师和一位初中老师，他们一致认为使用这种玩具笔会影响我们的学习，分散注意力，影响学习效率，形成不良的学习习惯。特殊形状的笔对握笔和书写有影响，尤其是低年级的学生，会形成不正确的书写习惯。老师们不建议我们使用玩具笔，希望我们使用比较朴素、标准的文具。

4. 问卷调查情况

在查阅资料、实地调查、访谈专家的基础上，设计了针对家长和学生的两种调查问卷。其中学生问卷在北京第二实验小学、育才学校初中部和北京市宣武区科技馆 3 处发放，共发放纸质调查问卷 91 份，回收率 100%，有效问卷 86 份。学生家长的调查问卷采用电子问卷方式，参与人数 45 人，全部有效。

（1）调查问卷结果显示，80% 的学生拥有玩具笔，购买文具的场所主要是文具店和小商品批发市场。91% 的家长选购文具首要关注的就是质量安全，61% 的家长认为玩具化的笔存在质量风险。

（2）学生问卷统计结果显示，69% 的学生不了解《学生用品的安全通用要求》，67% 和 40% 的学生不知道关于笔帽安全的具体要求。学生在购买笔时首先考虑的是质量安全，其实是老师的要求，对其他因素考虑差别不大。30% 的学生有玩笔和咬笔的不良习惯。79% 的学生认为自己不能判断一支笔的质量是否安全，选择“可以判断”的学生，判断的依据主要是看品牌和试用情况，也有同学写靠猜想和直觉来判断或者请家长购买。

5. 试验检测

选取 20 支笔进行物理指标试验，样本涵盖自动铅笔、中性笔、圆珠笔、水彩笔、签字笔、荧光笔。参照表 2 的检测方法和评价标准对样本进行判断。

表 2　测试项目方法及评价标准

检测项目	检测内容	检测依据	检测方法	合格	不合格
笔帽	通气孔	《学生用品通用安全要求》（GB 21027—2007）	观察和使用气吹子进行通气测试	有通气孔且能正常通气	无通气孔
	尺寸		使用直径为 16 毫米的圆形环规测量	笔帽不通过部分大于 5 毫米	通过圆形环规
笔体	耐冲击试验	《圆珠笔和笔芯》（GB/T 26714—2001）	从 1 米高度水平自由落下一次	正常书写、无开裂、变形、脱落	不能正常书写、有开裂、变形、脱落
小零件	拉力试验	《玩具安全》（GB 6675.2—2014）	在 5 秒内，平行于测试部件的主轴均匀施加（70±2）牛顿的力并保持 10 秒	牢固	脱落
小零件	小零件测量		尺寸小于小零件测试筒的小零件个数		

表 3　部分样品测试前后对比

编号	测试前	测试后	说明
8 号		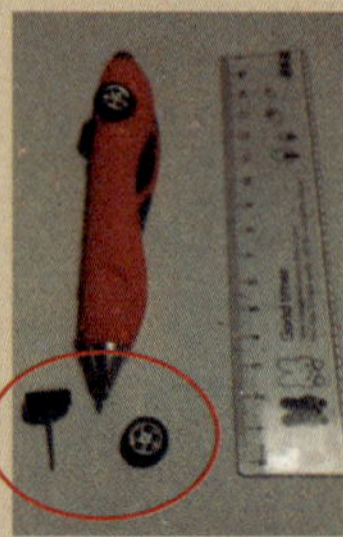	拉力测试，轮胎脱落，轮胎连接处使用的是尖锐的金属物。容易造成划伤扎伤
17 号	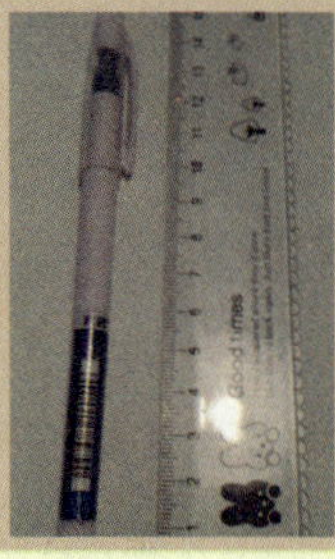	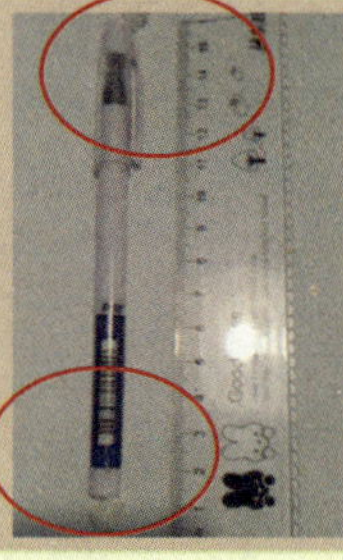	拉力测试，笔尾塞和笔端橡皮头脱落；笔帽无通气孔且尺寸不合格。容易造成不慎吞咽或进入鼻孔引起窒息

经过测试发现，笔帽和拉力测试的合格率较低，笔帽的问题主要是无通气孔，拉力测试主要问题是笔的尾端笔塞、可擦笔橡皮头等固定在笔上小零件不牢固。玩具笔基本都没有品牌和厂家标识，其中，小汽车玩具笔有金属尖锐物，针筒笔内有彩色不明液体。

六、研究结论

1. 学生对于笔的使用安全意识不够，不了解如何正确挑选合格的笔

调查问卷表明，绝大多数初中及小学生不了解国家的学生用品安全要求，不了解如何选购安全的文具，对于笔的使用缺乏安全意识，将近三分之一的学生有咬笔、玩笔的习惯，如果使用了不合格的笔可能发生窒息、中毒等安全问题。

2. 笔帽和小零件安全问题突出

在检测的样品中，有 11 支笔的笔帽不合格，主要问题是没有通气孔且笔帽尺寸不合标准。在这些不合格样品中不乏学生经常购买使用的名牌产品。除此之外，在试验中我还发现笔的尾端笔塞、笔的橡皮头、笔上悬挂的装饰物与笔体固定不牢固，这些小零件尺寸小、外形光滑，如发生不慎吞咽极易进入气管，产生窒息危险。目前《学生用品的安全通用要求》没有关于小零件牢固度和通气量的相关要求。

3. 拥有玩具笔的学生占比大，使用玩具笔隐患多

通过问卷调查、访谈老师和试验证明，玩具笔多为无品牌产品，质量较差存在安全隐患，如小汽车笔含有易脱落的金属尖锐物，针管笔内不明彩色液体。使用玩具笔的主要群体是低年级学生，他们自控力弱，使用玩具笔容易分散注意力，另外，玩具笔造型奇特，书写时会十分费劲，容易造成手部疲劳。对于握姿并不稳固的小朋友，更有容易养成错误书写习惯，甚至可能损伤手部骨骼健康。

4. 小商品批发市场、文具店和淘宝网销售的笔质量良莠不齐

通过实地考察发现，小商品批发市场、文具店和淘宝网存在销售无商标无品牌笔的现象。同品牌同款笔在大型超市内销售带有外包装和警示语，而有些地方由于散装销售，所以没有外包装。

七、建议

1. 提高学生安全意识，初步掌握选购质量合格笔的小技巧

建议小学生入学进行安全教育时增加文具使用安全的教育，在教室张贴或发放安全小贴士，图文并茂地讲解如何挑选合格的文具，在使用笔的过程中不玩笔、咬笔，增强学生的自我防护能力和对安全文具的辨识能力，倡导学生购买和使用标准化文具，不在学习中使用玩具笔。为了使低年级学生方便记忆，我自编了小儿歌：“学习要用标准笔，先看品牌和厂家，再查笔帽通气否，检查零件牢固度，不咬笔来不玩笔，学会选购安全笔。”

2. 建议相关部门完善目前《学生用品的安全通用要求》

建议细化安全标准，根据不同年龄划分未成年人的平均能力及学生用品本身的安全情况，增加学生用品的年龄段要求。如学龄前 0～6 岁、小学 6～12 岁、中学 12～18 岁。增加笔外观可见的小零件如橡皮头、笔塞、悬挂物的尺寸、牢固度、空气流通的安全要求。

3. 建议质量监督和工商管理部门加强学生用品的质量监管

从生产源头堵住不合格产品流入市场，在流通环节重点排查学校周边文具店、小商品批发市场、购物网站，依法查收不符合安全标准的学生用品。

八、进一步研究

由于缺乏专业设备，我只能对笔帽通气面积和通气量的检测采用了比较简易的检测方法。受专业水平和所学知识的限制，检测指标较少，数据较单薄。希望能随着年龄的增长、知识的丰富，有能力操作更精密的试验仪器，不断完善我的试验，从笔这一种文具扩大到本子、橡皮等全部学生用品，从物理指标的扩展到化学指标的检测。

九、收获和体会

1. 课题研究使我变身成了班里的“文具鉴定师”

通过课题研究和发放调查问卷，我在班级里宣传了用笔的安全知识，渐渐地我变成了小小“文具鉴定师”，现在同学们新购买的笔都会拿给我看看，问问我这支笔买的怎样？安全不安全？用通过课题研究学习到的知识帮助别人，我感觉到很自豪。

2. 培养了我动手实验操作能力和严谨的科学精神

所有的试验项目都是我独立完成的，锻炼培养了动手能力，有一次做拉力试验时，小零件弹出狠狠地砸到我身上，这让我意识到实验的安全问题，我找出家里的护目镜戴上继续进行试验。在整个课题的研究过程中，从选题到论文完成，培养了我严谨的科学精神。在进行跌落实验的时候，我一开始没有仔细阅读国家标准，坠落的地面是瓷砖地，但进行了 5 个样品的试验后发现原来标准要求要在 30 毫米的杉板上进行，之前的数据全部作废，我只能重新进行试验。有了这个小教训，我不敢再有一丝马虎，也深深地体会到进行科学研究是一项严肃、严谨的事情。

3. 提高了电脑和网络的使用水平

我通过上网查询和书店系统检索搜集了大量的原始资料、新闻报道，学会了使用电脑软件设计微信调查问卷，现在我已经可以非常熟练地使用互联网了，掌握了制作表格和图表的技巧。

十、致谢

对于在研究过程中所有帮助和关心我的人，我表示衷心的感谢！

首先感谢北京市宣武区科技馆杨海燕老师对我的悉心指导。2016 年 7 月 20 日，北京下了入汛以来最大的一场雨，杨老师冒雨驱车十几公里带我来到海淀出入境检疫局玩具检测室进行专家访谈。因为平时杨老师工作非常忙，她就利用业余时间加班对我的课题研究进行辅导。感谢北京第二实验小学甄奕老师对我的启发和帮助。感谢 136 位问卷调查者，是他们花费时间和精力用热情和善意支持了我。感谢亲爱的爸爸、妈妈，有他们的支持和鼓励，我在科学研究的道路上始终充满信心。

十一、参考文献

[1] 中华人民共和国国家质量监督检验检疫总局，中国国家标准化管理委员会 . 学生用品的安全通用要求（GB 21027—2007）[S].

[2] 国家质量监督检验检疫总局检验监管局 . 玩具安全测试与法规 [M]. 北京：中国标准出版社，2007.

[3] 中华人民共和国国家质量监督检验检疫总局，中国国家标准化管理委员会 . 玩具安全（GB 6675.2—2014）[S].

[4] 中华人民共和国国家质量监督检验检疫总局，中国国家标准化管理委员会 . 油墨圆珠笔和笔芯（GB/T 26714—2011）[S].

[5] 王迎波，桑毅萍 . 安全文具标准待“长高”[N]. 经济导报，2014-02-28.

[6] 儿童文具不要猎奇 [N]. 羊城晚报 .

附件 1 学生调查问卷

亲爱的同学：

您好！目前在文具市场出现了一些造型奇特、具有玩具功能的笔。如：可卷曲的，小汽车造型、仿真玩具造型、带有各种装饰物的笔。为了解学生使用这些笔的现状和对学生文具安全知识的了解，特设计此问卷，请您帮忙填写，谢谢！（注：此问卷为不记名填写。）

1. 你喜欢这种类型的文具吗？（如图片示例）（　　）
   A. 喜欢　B. 不喜欢　C. 无所谓

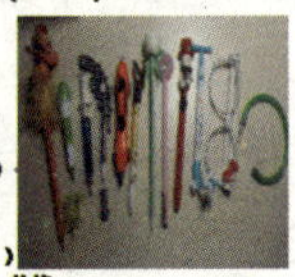

2. 你是否有类似的笔？（　　）
   A. 有　B. 没有
3. 你是否有咬笔或者玩笔的习惯？（　　）
   A. 有　B. 没有
4. 你买笔注重哪方面？（可多选）（　　）
   A. 外观漂亮　B. 造型奇特　C. 品牌　D. 价格
   E. 质里　F. 老师的要求
5. 你主要在哪里购买笔？（可多选）（　　）
   A. 文具店　B. 小商品批发市场　C. 商场或超市　D. 网购
6. 你是否了解《学生用品的安全通用要求》的内容？（　　）
   A. 了解　B. 不了解
7. 你是否知道笔帽上应该有通气孔？（　　）
   A. 知道　B. 不知道
8. 你是否知道笔帽尺寸有标准要求？（　　）
   A. 知道　B. 不知道
9. 如果让你判断一支笔是否符合安全标准，你能判断吗？（　　）
   A. 能　B. 不能
10. 第 9 题选“能”的同学，请问你是如何判断的？（请简单描述）

____

11. 你的年级（　　）

附件 2 家长调查问卷

亲爱的家长：

您好！目前文具市场出现了一些造型奇特、具有玩具功能的新奇玩具。为了解家长对于学生使用此类文具的态度，特发此调查问卷，请帮助填写。谢谢！

1. 您一般在哪里为孩子购买文具？［多选题］［必答题］
   □ 文具店
   □ 网购
   □ 小商品批发市场
   □ 商场或超市
   □ 其他 ____________
2. 您的孩子使用的文具主要由谁购买？［单选题］［必答题］
   ◇ 家长
   ◇ 孩子自己
   ◇ 别人
3. 您在购买文具时注重什么？［多选题］［必答题］
   □ 品牌
   □ 造型和图案
   □ 价格
   □ 质里
   □ 其他 ____________
4. 您是否为孩子购买过造型奇特、带有玩具功能的文具？［单选题］［必答题］
   ◇ 曾经买过
   ◇ 从没买过
5. 您家里是否有造型奇特、带有玩具功能的文具？［单选题］［必答题］
   ◇ 有
   ◇ 没有
6. 您是否支持孩子使用有造型奇特、带有玩具功能的文具？［单选题］［必答题］
   ◇ 支持　（请跳至第 8 题）
   ◇ 不支持
   ◇ 无所谓　（请跳至第问卷末尾，提交答卷）
7. 您不支持孩子使用玩具化文具的主要原因和顾虑是什么？［多选题］［必答题］
   □ 分散注意力
   □ 担心质里安全
   □ 不利于书写
   □ 价格高
   □ 其他 ____________
8. 您支持孩子使用玩具化文具的原因是什么？（第 6 题选支持的答此题）［填空题］____________

PPT 展示

大家好！我研究的项目是《学生用笔的安全调查研究》。

图片上的这些物品虽然外形各异，但其实都是笔。我发现在学校里同学们使用的笔越来越新奇，对于文具的选购和使用中小学生是否具有这方面安全意识？我们使用的文具安全吗？现行的标准是否需要完善和提高呢？带着这样的问题我开始了自己的研究。

我研究的目的是了解学生使用书写笔的现状，提高学生用笔的安全意识，倡导学生购买和使用符合质量安全标准的学习用笔。通过检测发现学生笔的质量问题和存在的安全隐患，提出完善学生用品的安全标准的建议。

根据研究目标我采用文献查阅法、实地考察法、访谈法、问卷调查法和实验法对数据结果进行分析，形成结论和建议。

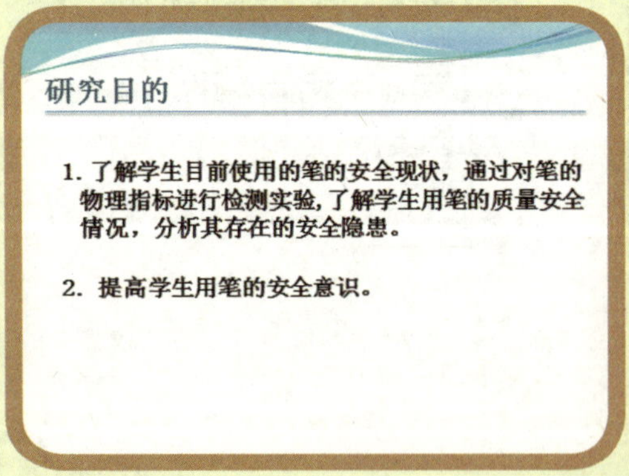

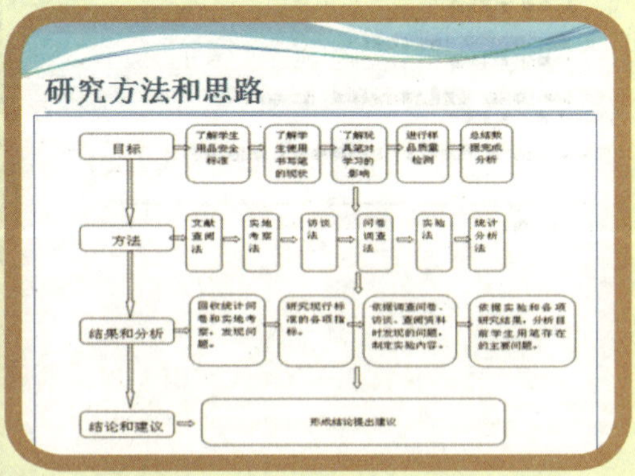

我到中国质量标准出版社和中国质检出版社查询了与本次研究相关的各种国家质量安全标准。

我实地考察了小商品批发市场的 14 个文具摊位、2 家文具店、2 家大型超市、1 家大型商场和淘宝网。

根据实地考察情况对目前市场销售的学生用笔的现状进行了归纳整理。

考察发现：超市销售的笔包装、商标、厂家齐全，外包装上有注意安全的警示文字，无异形玩具笔。小商品批发市场和文具店销售的笔主要为散装笔，没有外包装和警示文字，存在无品牌笔、异形玩具笔，笔帽无通气孔的笔很常见。淘宝网则各种类型均有。

我带着前期研究的问题和玩具笔样品访谈了权威检测机构的两位专家和三位中小学老师。

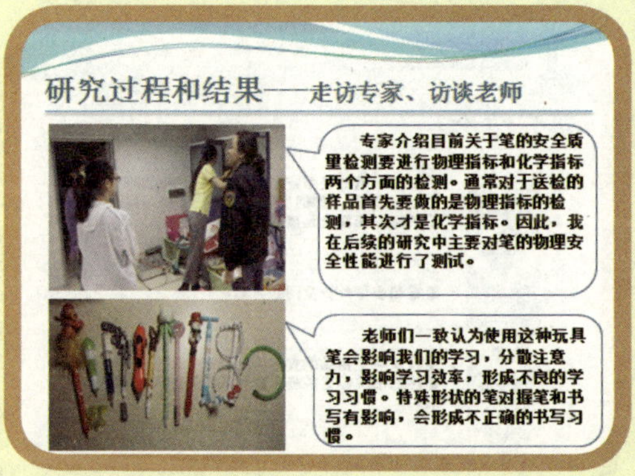

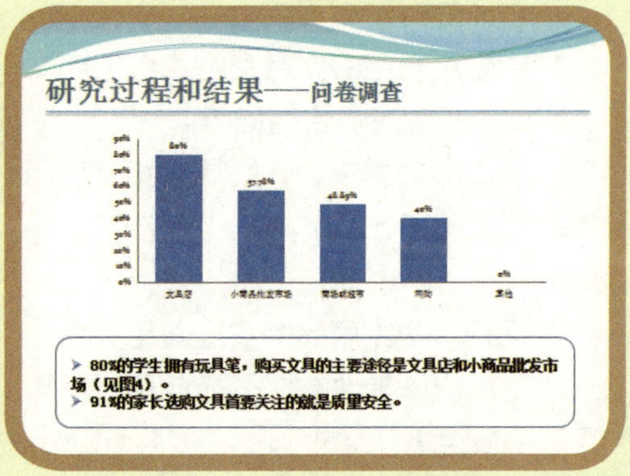

我设计了针对家长和学生的两种调查问卷。在小学、中学、校外辅导机构和网络发放了问卷，调查问卷显示：

80% 的学生拥有玩具笔，购买文具的主要途径是文具店和小商品批发市场；91% 的家长选购文具首要关注的就是质量安全；61% 的家长认为玩具化笔存在质量风险。

30% 的学生有玩笔和咬笔的不良习惯；79% 的学生认为自己不能判断一支笔的质量是否安全。

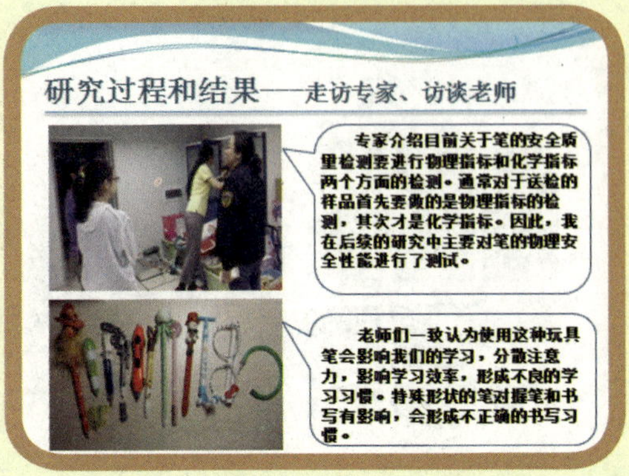

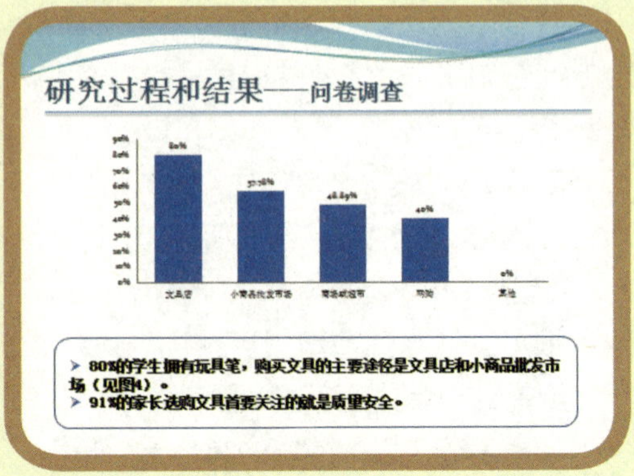

选取 20 支笔进行物理指标试验，样品涵盖自动铅笔、中性笔、圆珠笔、水彩笔、签字笔、荧光笔。

这些图片显示的是测试过程中主要发现的笔帽尺寸不合格且无通气孔的笔。

这些笔是经过拉力测试后，发现部件不牢固且无通气孔。它们易造成学生不慎吞咽或堵塞鼻孔引起窒息危险。而目前的学生用品安全标准没有对此进行要求。

通过研究得出以下结论：

1. 学生对于笔的使用安全意识不够，不了解如何正确挑选合格的笔。

2. 小商品批发市场、文具店和淘宝网销售的笔良莠不齐，笔帽和小零件安全问题突出。

3. 现行《学生用品的安全通用要求》缺乏对于笔的小零件的相关标准和未成年人用笔的安全警示要求。

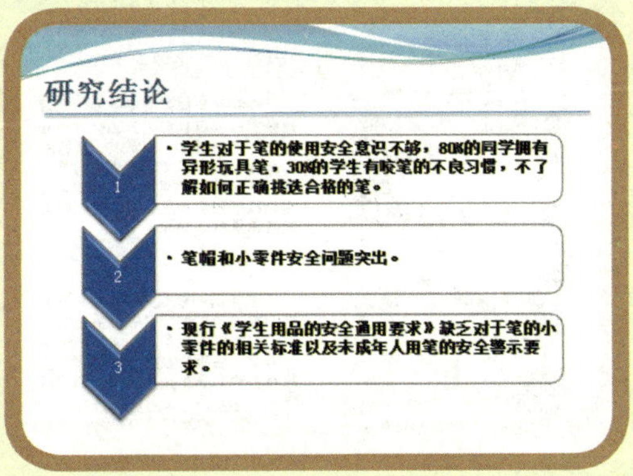

根据研究结论提出建议。

谢谢各位老师！

科学研究故事

坚　持

1. 选题被质疑

我研究的论文题目是《学生用笔的安全调查研究》，当时在选这个题目时，研究目的是了解学生目前使用的笔的安全现状、分析其存在的安全隐患，以此提高学生用笔的安全意识。但是这个题目立项时曾受到了专家老师的质疑，认为市面上销售的笔应该都是符合质量标准的，我做的这个课题可能会存在异议。这令我一度产生了放弃这项研究的想法，但辅导老师鼓励我要坚持自己的想法。就这样，我的研究就在质疑声中开展了起来，所以在整个研究过程中我的心理压力都非常大。

2. 小疏忽大错误

课题研究是一件需要持之以恒、关注细节的事。记得有一次在做跌落试验时，我只是看到《油墨圆珠笔和笔芯》的安全标准上描述“从 1 米高度水平自由落下一次”就开始进行安全测试，待测试完成整理数据时，再次仔细阅读标准才突然发现在几页之后的具体操作要求上写到“跌落在厚度为 30 毫米的杉板上”。看到这几个字时我的心一下就跌落谷底了，因为之前的跌落试验都是在瓷砖地面上进行的。这意味着之前的所有实验数据都无效了，只能重新再来。通过这件事，我知道了科学研究一定要严谨，从此我再也不敢马马虎虎了。

3. 尴尬的问卷

还有一件尴尬的事情是我在一所中学做问卷调查的时候，有一道题让被调查人填年级，但有的同学填上了幼儿园，有的填上了博士后，收到这些“顽皮”的问卷让我哭笑不得。我猜想是这些同学有抵触的想法，导致问卷无效，损失了部分样本数据。

整个研究从确定选题到完成论文历时 9 个月，实验做了一次又一次，论文改了一遍又一遍，我在这 9 个月里经历了很多次的小失败、小波折。课题研究不仅增长了我的知识，也提高了我的抗压能力。我相信，这段研究经历带给我的历练一定会让我在将来的学习和生活中能够更坚强地面对一切困难，绝不轻言放弃。

专家点评

杜欣恬同学注意观察身边事物。走访、调查数月，做了大量的工作，观察仔细，数据充实。揭示了当前人们忽视的问题，在整个调查、取证过程中，对待有关人士的质疑，不怕困难，迎难而上。为学生敲起警钟，要改变学生咬笔头的坏习惯。为了他人的身体健康、生命安全付出辛勤的劳动，值得我们为她点赞。

6 关于儿童食品与玩具混合包装的调查研究

作　　者 / 霍华美　殷梓盛
辅导老师 / 甄　奕　闫莹莹

【摘要】针对市场上存在的儿童食品与玩具混合包装的现象，我们两人进行了科学考察和研究。我们通过考察法、调查研究法、实验研究法、文献研究法、访谈法等方法，研究了儿童食品与玩具混装的现状和潜在风险，探讨了社会职能部门规范管理、学校等教育系统加强教育的必要性和可行性。我们研究的结果显示：目前各规模超市及学校周边的小卖部均有儿童食品与玩具混合包装的产品存在，此类产品对学生的健康存在潜在风险。调查法显示：被调查的326名家长有84%支持食品和玩具应该分开售卖；89%的受访家长认为有必要在学校定期开展不同类型的食品安全教育讲座或活动。因此，我们建议禁止儿童食品与玩具混合包装售卖；教育系统加强对儿童食品安全知识的普及教育，提高同学们对此类产品的抵制意识，做到自觉不购买。

【关键词】儿童食品　玩具　混合包装　危害　禁止售卖

一、研究背景

每天放学，我们学校附近最热闹的地方就是周边的几个小卖部。其中，“健达奇趣蛋”由于里面有可以组装的小玩具和小糖豆，好吃又好玩，最受同学们的欢迎。经过我们的考察，发现不仅学校和补习班附近的小卖部、超市售卖这种食品与玩具混装的产品，其他各种档次的超市也都有售卖。

父母都反对我们购买这种夹带小玩具的小食品，他们忧心忡忡地反复告诉我们，小玩具会污染食品、小朋友容易误吞小玩具造成窒息、混装的玩具容易诱导我们吃掉更多的垃圾食品等。每次买这类产品，我们都要软磨硬泡很久爸爸、妈妈才勉强同意。爸爸、妈妈长期的劝阻，使我们产生强烈的逆反心理，当四年级科学课老师要我们选课题时，我们俩不约而同地想到这个，我们想知道，这种产品是不是真的像爸爸、妈妈说的那样有这么多的危害。

二、研究目的

1. 了解儿童玩具与食品混合包装的现状及对儿童存在的潜在危害。
2. 探讨社会职能部门完善有关法规和监管部门加强监管的方案及可行性。
3. 探讨教育系统增设食品安全教育课程的必要性和可行性。

三、研究方法及计划

1. 研究方法

（1）考察法

通过现场实地调查，了解各大超市里玩具与食品混装产品的种类、数量及售卖状况，了解消费者的购买频次和原因。

（2）调查研究法

通过设计调查问卷、收集并分析信息，了解老师、家长和同学们对目前市场上玩具与食品混装的看法，以及对我们提出的建议的支持度。

（3）实验研究法

实验计划：到中国农业大学寻求专家指导，做玩具与食品混合包装产品里玩具在边吃边玩后与玩之前的落菌培养实验。

①样品：3 种受同学们欢迎的食品与玩具混装产品，分别是高、中、低 3 个档次（多乐方夹心软糖 45 元 / 个、健达奇趣蛋 10 元 / 个、小浣熊干脆面 1.5 元 / 包）。

②每次对 3 种共 6 个样品进行菌落计数落菌实验。每个样品做 3 个菌片。

③做 3 次同样的实验。

④实验设计

a. 检测一个样品刚拆包装后，完全没有被污染前玩具的落菌菌落数。

b. 检测另一个样品被边吃边玩 10 分钟后，玩具的落菌菌落数。

⑤通过分析对比落菌菌落数来检测玩具出厂时是否卫生，边吃边玩后是否有交叉污染。

（4）文献研究法

了解目前的食品和玩具安全、卫生方面的法律法规，了解国家各有关职能部门的职能管理和监管范围，了解欧美国家与此类产品有关的法律法规，了解社会各方面人员对食品与玩具混合包装产品的态度和期望。

（5）访谈法

到超市对购物者进行访谈，到政府职能部门及监管部门对有关工作人员进行访谈，对专业人士及同学父母进行访谈，对不同年龄段的同学进行访谈。

2. 研究计划

（1）研究计划思路（图 1）

（2）具体分工计划

一起讨论，共同完成：确定课题、论文大纲、实地考察、调查问卷、做实验。

分工计划：

霍华美：食品方面的法律法规。玩具与食品混合包装的法律法规。编辑和打印论文。

殷梓盛：玩具方面的法律法规。玩具与食品混合包装的法律法规。修改校对论文，研究绘制各种图表的方法，力求各种图表直观又美观。

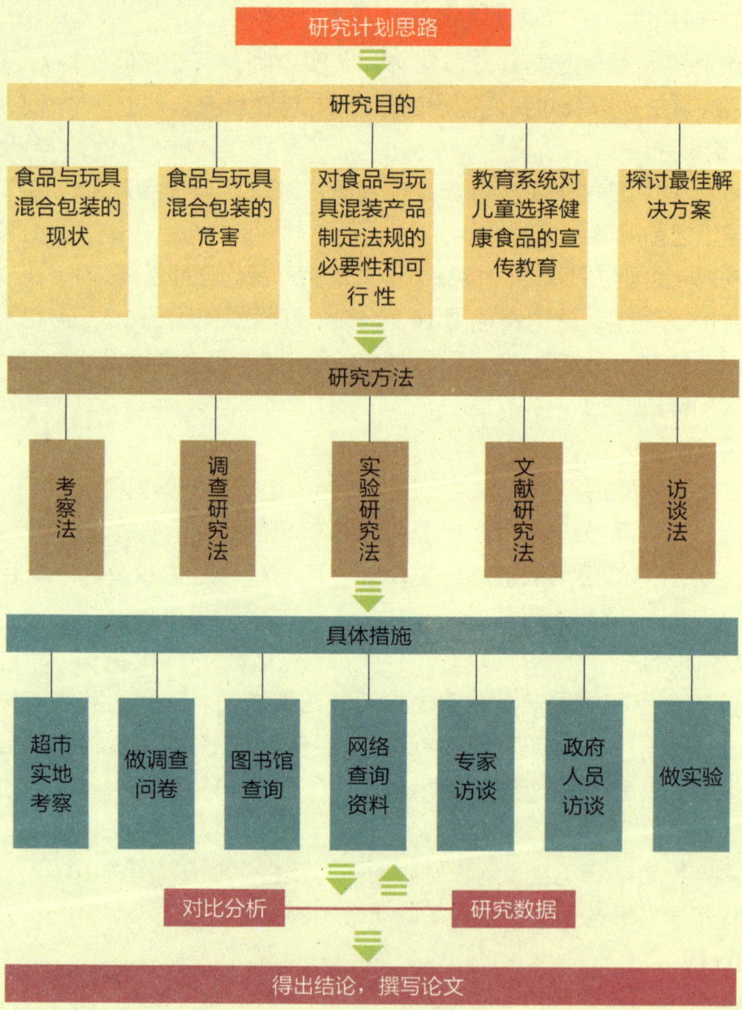

图 1　研究设计思路

四、研究过程和结果

1. 研究过程

（1）实地考察研究

我们到学校附近小卖部、沃尔玛超市、金融街 OLE 超市、超市发超市等场所，观察食品与玩具混装产品的种类、数量及购买情况。

记录购买情况：2015 年 10 月、2016 年 6 月分两次在放学后一小时内在学校旁边小卖部连续 5 天定点记录购买情况。

（2）调查研究

①前期确定课题时，我们利用家长接参加“城宫计划”[①] 的同学放学的机会，以健达奇趣蛋为样本，访谈家长和同学是否会购买，是否担心食品卫生和食品安全问题。

②确定课题后，我们先后制作两种调查问卷，一份给家长，一份给同学们，收集这两类人群对玩具与食品混合包装的认识、态度以及是否赞成我们的建议。

③对上过学校“城宫计划”里的食品安全课程的同学和没有上过食品安全课程的同学发放购买健达奇趣蛋的调查问卷，统计食品安全课程对同学们选择健康食品的影响度。

（3）实验研究

①实验材料及设备

健达奇趣蛋、多乐方夹心软糖、小浣熊方便面；

高压灭菌锅、超净工作台、恒温培养箱、天平；

称量纸、药匙、三角瓶、封口膜、橡皮筋、培养皿、移液器、吸头、涂布棒、镊子、酒精灯；

胰蛋白胨、酵母粉、氯化钠、琼脂粉、蒸馏水。

②实验步骤

a. LB 培养基的制备。称取 10 克胰蛋白胨、5 克酵母粉、10 克氯化钠、15 克琼脂，溶于 1 升水中，分装到三角瓶中，封口膜封口后置于高压灭菌锅中 121 摄氏度灭菌 20 分钟。灭菌后取出三角瓶，在超净工作台中倒入平板，准备 54 个固体 LB 培养基。

b. 每种玩具取两个，一个打开后我们边吃边玩 10 分钟后再拿入超净工作台，用于检测把玩后的菌落数；另一个在超净工作中打开包装，用作实验对照，同时也可检测产品的卫生情况。将取出的玩具放入灭菌容器，用移液器吸取 2 毫升灭菌水，反复淋洗玩具，

① 城宫计划，即“城市学校少年宫计划”的简称，其核心是让学生们在课后和假日，在校内就可依据兴趣、特长，自主选择，自愿参加各种专业活动。

然后用移液器吸取淋洗后的溶液 100 微升至 LB 培养基上，用灭菌涂布棒均匀涂开菌液至液体完全吸收。做好标记，将培养皿在恒温培养箱中倒置培养 2 天，计数单菌落，然后计算玩具上的细菌数量（乘以 20 倍稀释倍数）。每个处理涂 3 个平板，每种玩具重复 3 次实验。（图 2）

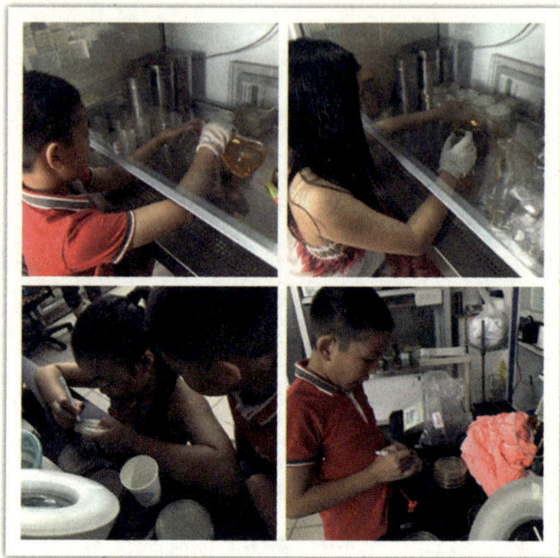

图 2　制作菌液并涂在培养皿上，进行菌落培养，并做好标记

（4）文献研究

查阅资料， 找出我国和欧美国家对食品与玩具混合包装产品的法律法规。

（5）访谈专家

访谈各职能部门专家，探讨可能的改进方法及建立有关法规的可能性。

（6）探讨并提出建议

综合探讨此类产品的利弊，提出我们自己的建议，并进一步探讨必要性和可行性。

2. 研究结果

（1）考察研究结果

①北京各规模超市及学校附近的小卖部均有食品与玩具混合包装的产品售卖。

②此类产品多为小的塑料拼插玩具与巧克力、糖豆或方便面混合包装售卖。一个品牌的小玩具通常为系列产品，并时有翻新。

③售卖监测记录结果：2015 年 10 月 19—23 日　3:40—4:40
2016 年 6 月 20—24 日　3:40—4:40
地点：学校旁边超市

表 1　售卖监测记录

日期 产品	19 日	20 日	21 日	22 日	23 日	合计
健达奇趣蛋 / 个	31	16	25	11	36	119
小浣熊干脆面 / 包	9	13	23	19	7	71
日期 产品	**20 日**	**21 日**	**22 日**	**23 日**	**24 日**	**合计**
健达奇趣蛋 / 个	6	2	12	4	9	33
小浣熊干脆面 / 包	下架	下架	下架	下架	下架	下架

数据表明：

a. 虽然各种玩具与食品混合包装产品深受同学们的欢迎，但大多数受到家长的抵制。我们看到许多同学要买被家长劝阻，也有很多是家长受不了同学们的软磨硬泡而购买。

b. 2016 年购买此类产品的同学人数明显下降，小浣熊干脆面已经下架了。这说明我们在学校的宣传还是有效果的。

（2）问卷研究的结果

①前期确立研究课题时期，我们以健达奇趣蛋为样本，随机调查访谈家长 52 人，其中，表示会为孩子购买的家长有 27 人，大多数家长表示购买原因为孩子强烈要求。

②研究期间调查问卷结果

研究期间，我们分别做了两份调查问卷。其中同学的调查问卷我们用健达奇趣蛋作为混装食品的代表来做调查。

家长问卷：收集有效调查问卷 236 份，支持食品和玩具应该分开售卖 199 份，占 84%；支持玩具与食品混合包装 37 份，占 16%。有效调查问卷中，认为有必要在学校定期开展不同类型的食品安全教育讲座或活动的有 210 份，占 89%；认为没有必要的有 26 份，占 11%。

同学问卷：收集有效调查问卷 276 份，支持健达奇趣蛋类产品继续售卖的有 262 份，占 95%；反对售卖健达奇趣蛋 14 份，占 5%。

③我们学校“城宫计划”有一个食品健康课程，分别对上过这个健康课程的同学和没有上过这个课程的同学做了问卷调查，结果如下：

回收的有效问卷各 40 份，没上过课的表示会购买包装内夹带玩具的食品有 32 人，占 80%；上过课的表示会购买此类食品的只有 5 人，只有 12%。

3. 实验结果

表 2　玩具上的细菌总数

实验批次	健达奇趣蛋		多乐方夹心软糖		小浣熊方便面	
	刚拆包装时	边吃边玩后	刚拆包装时	边吃边玩后	刚拆包装时	边吃边玩后
1	20	220	4 720	120	60	240
	80	80	5 220	40	60	180
	40	120	3 660	60	80	160
2	20	100	40	160	40	120
	60	120	60	120	60	220
	40	160	40	80	80	180

实验批次	健达奇趣蛋		多乐方夹心软糖		小浣熊方便面	
	刚拆包装时	边吃边玩后	刚拆包装时	边吃边玩后	刚拆包装时	边吃边玩后
3	60	100	40	100	40	160
	40	180	80	60	80	140
	40	80	60	80	60	240

从以上实验结果可以看出，整体趋势是：在我们边吃边玩玩具后，玩具上的细菌数量明显增多，容易引起进食不卫生。此外，多乐方夹心软糖中的一个产品，玩具上原始细菌数量就非常多，可能是产品包装破裂，这更容易引起卫生问题。（图 3）

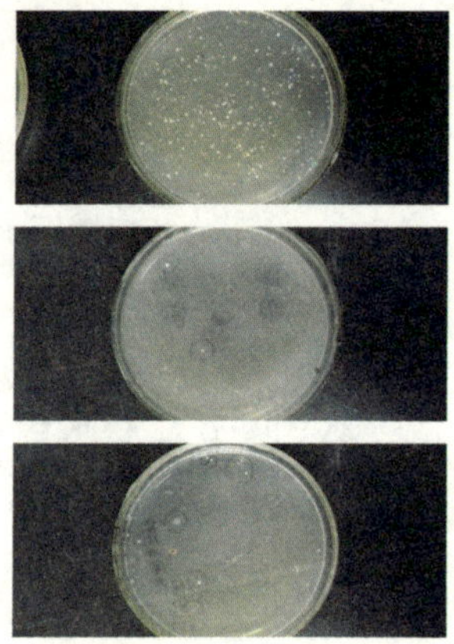

图 3　自上向下分别是：未玩过的夹心软糖内玩具的原始细菌菌落（怀疑实验前包装破裂）、未玩过的健达奇趣蛋的原始细菌菌落、玩过后的健达奇趣蛋玩具细菌菌落

4. 文献研究结果

我国目前没有关于食品与玩具混合包装的法律法规。但美国 FDA 的这款条例明确规定了混装玩具的制造和包装都必须采用食品制造、加工、包装和储存标准。

美国消费品安全改进法案 CPSIA：90% 以上的塑料是用铅与各类重金属进行稳定的，只有不到 10% 的塑料采用现时昂贵的铅替代材料。即使是提供无铅环保新材质，在生产过程中也有可能沾上铅元素，因为很多生产线的机器本身是含有大量铅的。

5. 专家访谈结果

（1）目前的食品与玩具混合销售是一种纯粹的商业行为，没有针对此类产品的专门法律法规。

（2）美国的监管关注点在微生物的污染上。

（3）不建议混合包装售卖，这样对食品卫生不利，也会导致孩子进食时注意力分散。

（4）赞成禁止混合包装产品售卖，这对同学们吃和玩的良好习惯的养成无益。建议食物用途回归摄取营养和能量的本性。

（5）建议食品与玩具分开售卖，而不是制定混合包装销售的标准，因为制定标准比执行标准更复杂，时间漫长。

五、分析与结论

1. 经过我们的前期超市调查，发现玩具与食品混装产品普遍为拼插塑料小玩具或印刷纸与糖豆、巧克力、方便面等混合包装。这类混装玩具的儿童食品属于廉价小玩具与垃圾食品或休闲食品混搭售卖的一种商业营销行为。

2. 由对家长的调查问卷得知，因为混合包装产品里的玩具与时俱进，随时跟进儿童电影大片形象，形成系列产品，经统计有 69% 的家长认为自己的孩子买此类产品是因为“别的小朋友有，自己也要有”，这种积攒玩具互相攀比的行为造成了过度购买，既浪费金钱，又过多地进食了高糖、高脂的休闲食品。

3. 在与北京林业大学营养学专家的访谈中，我们得知玩具与食品混合包装售卖，极易导致同学们边吃边玩，容易养成注意力分散、不专注的坏习惯；同时不利于食物的咀嚼与消化，不利于健康。

4. 我们在中国农业大学的实验结果显示，在我们边吃边玩玩具后，玩具上的细菌数量明显增多，容易引起进食不卫生；另一方面，同学们会交换彼此的小玩具，边吃边玩，也会交叉传播病菌，造成一定的健康隐患。

5. 经文献研究结果得知，混装玩具大多为塑料制品，而塑料制品不仅有甲醛、增塑剂等各种各样的添加剂，更有铅、镉等多种重金属。仅国家标准要求监测的不得超标的重金属就有 19 种。多种迁移元素通过皮肤接触就可以被同学们吸收，边吃边玩更加容易吸收，从而留下更多的健康隐患。

图 4　搜集样品、实地考察超市、采访家长的照片

6. 家长问卷调查结果（84%），以及我们访谈的专家们的结果（营养学教授、食药监局专家），大多都支持食品和玩具应该分开售卖。食品和玩具属于完全不同的消费领域，必须分开售卖。

7. 通过跨时两年的分别为期一周的检测数据结果表明，我们学校同学 2016 年购买此类产品的人数比 2015 年大为减少，这说明我们在学校的宣传还是很有效果；在调查问卷里，上过“城宫计划”健康课的同学和没有上过的同学愿意购买此类产品的人数急剧下降（80% → 12%），更证明如果学校增设食品健康课程，对同学们选择营养健康的食品是大有益处的。

六、建议

综合研究，我们提出了我们自己的建议：玩具就是玩具，食品就是食品。让食品回归营养与能量的本性，玩具回归趣味性和开发智力与体能的功能。

1. 建议国家质检总局与国家食药监局联合制定法规，禁止生产与销售玩具与食品混合包装产品。

2. 建议学校增加对儿童食品安全健康知识的普及教育，树立孩子们食品安全健康的意识，提高自身对“垃圾食品”及促销玩具的抵制能力。

（1）学校可以定期开设食品安全健康课程及讲座，包括健康饮食和安全、简单生理学及营养学等内容。

（2）建议学校每天中午的广播里也可以插播 3~5 分钟的“健康小知识”专栏，介绍一些身体健康常识及如何选择健康科学的食品和玩具。

（3）建议学校定期在学校宣传栏里张贴健康饮食的图片，特别是蔬菜水果对健康的作用，让同学们了解蔬菜水果不仅给我们提供营养，还是身体的清洁工，帮助我们身体清扫和排毒。

3. 建议社会加大对家长的宣传力度，从每一个家庭做起，玩具就是玩具，食品就是食品，不购买此类产品。

七、下一步工作方向

我们下一步的工作方向是研究此类食品对留守儿童的影响。在采访专家的过程中，我们得知一些“垃圾食品”在乡镇及农村对留守儿童伤害很大，也是食药监局下一步的工作重点。我们也想进一步调查一下玩具与食品混装的产品在乡镇及农村的质量和销售情况。我们在北京的各大超市发现的混装产品质量和卫生状况在可控范围内。只有在学校旁边的一个小卖部发现的小浣熊干脆面，里面的卡片包装袋直接接触干脆面，干脆面没有独立包装，属于违规产品。但我们担心乡镇及农村层面可能会有低质量的“三无”产品出现。

八、参考文献

［1］卫生部 . 关于严禁在食品包装中混装直接接触食品的非食用物品的紧急通知 [S]. 2002.

［2］美国 FDA 卫生操作条例 21CFRl10 (1986) [S].

PPT 展示

大家好，我们研究的项目是《儿童食品与玩具混装的调查研究》

每天放学，我们学校附近最热闹的地方就是周边的几个小卖部。同学们熙熙攘攘地挤到那里，买吃的、玩的和文具。其中，夹带玩具的小食品由于里面有可以组装的小玩具和小糖豆、巧克力等小食品，好吃又好玩，最受同学们的欢迎。我们发现不仅学校和补习班附近的小卖部、超市售卖这种食品与玩具混装的产品，其他各种档次的超市也都有售卖。

我们的父母都不愿意给我们买这种小食品夹带小玩具的产品。他们担心的可多了：小玩具会污染食品、我们容易误吞小玩具、小食品不健康等。我们想知道，这种产品是不是真的像爸爸、妈妈说的那样有这么多的危害。

我们的研究目的是调查儿童玩具与食品混合包装产品的现状。探讨控制儿童玩具与食品混合包装产品对儿童危害的可行性方案。社会职能部门和教育部门可能采取的措施及其必要性和可行性。希望通过我们的研究，能够倡导食品就是食品，玩具就是玩具；推动食品与玩具分开售卖。

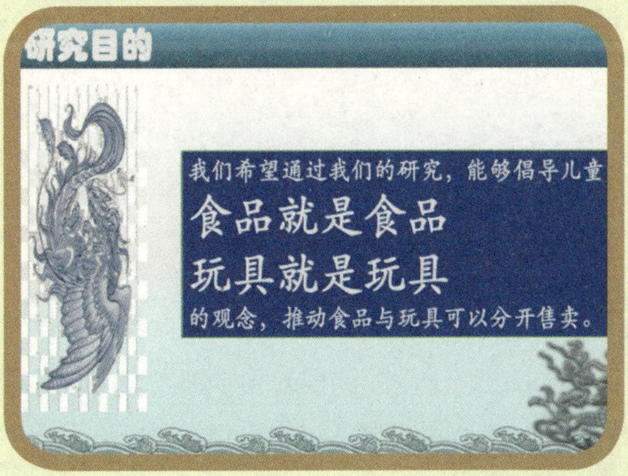

根据研究目标我们采用考察法、调查研究法、实验研究法、文献研究法、访谈法对数据结果进行分析，形成结论和建议。

通过现场实地调查，了解各大超市里玩具与食品混装产品的种类、数量及售卖状况，了解消费者的购买频次和原因。

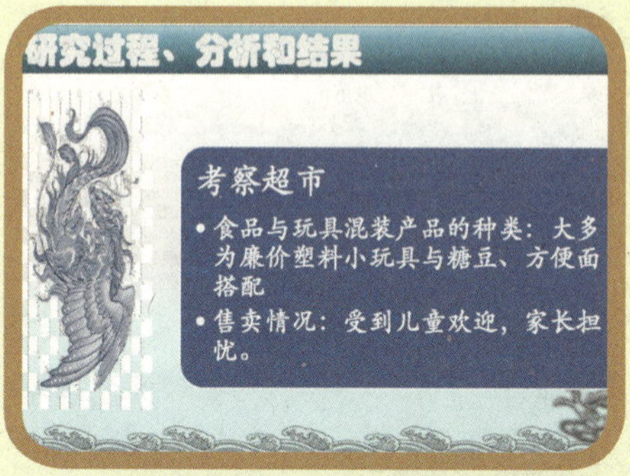

我们到学校附近小卖部、沃尔玛超市、金融街OLE超市、超市发超市等场所，观察食品与玩具混装产品的种类、数量及购买情况。

通过设计调查问卷、收集并分析信息，了解老师、家长和同学们对目前市场上玩具与食品混装的看法，以及对我们提出的建议的支持度。

我们分别做了两份调查问卷，一份给家长，一份给同学。

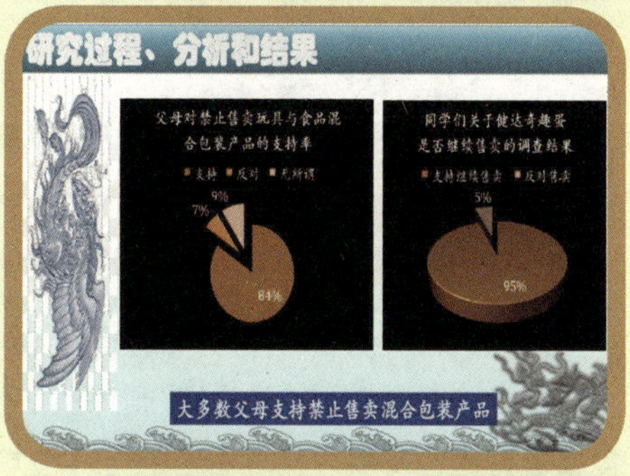

我们学校“城宫计划”有一个食品健康课程，分别对上过这个健康课程的同学和没有上过这个课程的同学做了问卷调查。

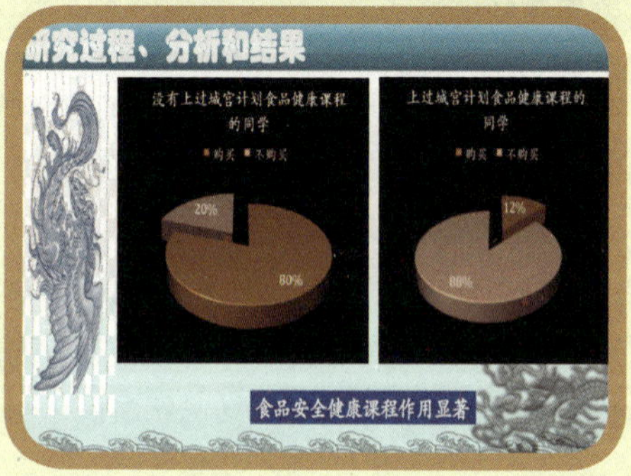

我们到中国农业大学由专家指导，做玩具与食品混合包装产品里玩具在边吃边玩后与玩之前的落菌培养。

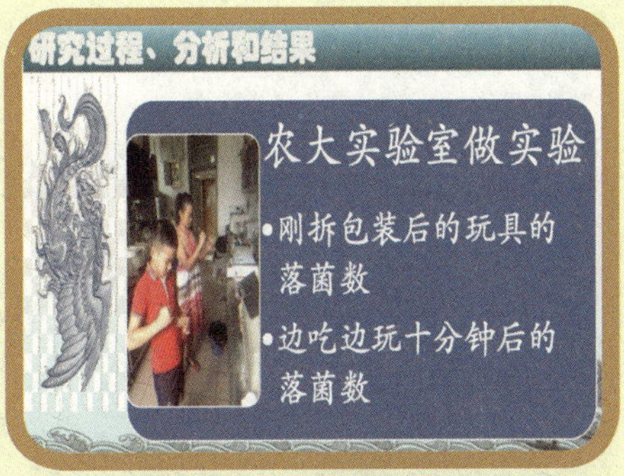

从实验结果可以看出：在我们边吃边玩玩具后，玩具上的细菌数量明显增多，容易引起进食不卫生。

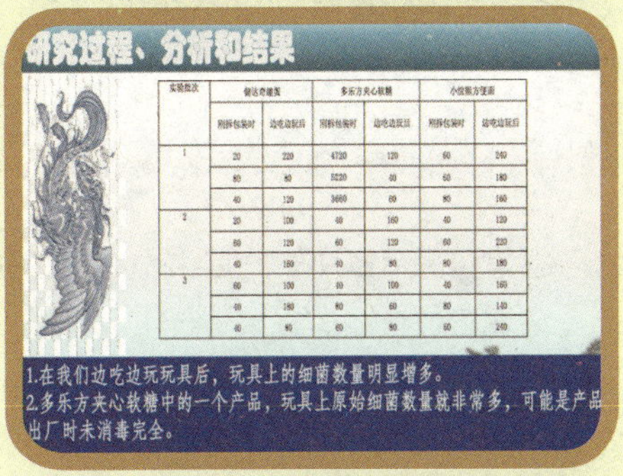

这是我们在农大实验室做实验。

我们也电话访谈了 4 位专家，探讨现状和建立有关法规的可能性。专家统一认为应该禁止售卖此类产品。

我们也做了文献研究，发现我国没有这类产品的法律法规，而且塑料产品可能是再生塑料制成，也可能会有某些重金属元素迁移。质量控制管理也很难。

我们建议国家质检总局与国家食药监局联合制定法规，禁止生产与销售玩具与食品混合包装产品。建议学校增加对儿童食品安全健康知识的普及教育，树立孩子们食品安全健康的概念，提高自身对垃圾食品及促销玩具的抵制能力。

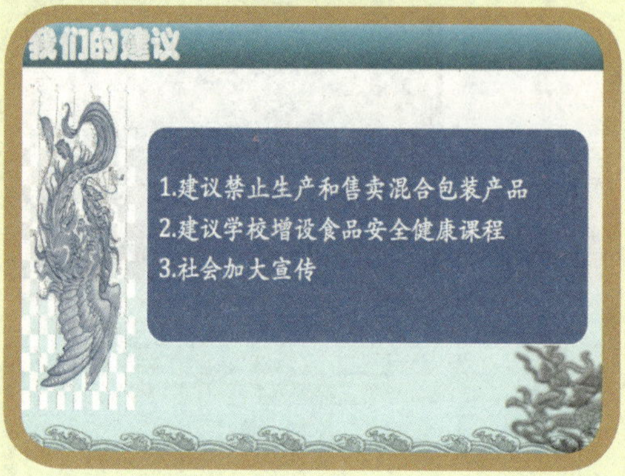

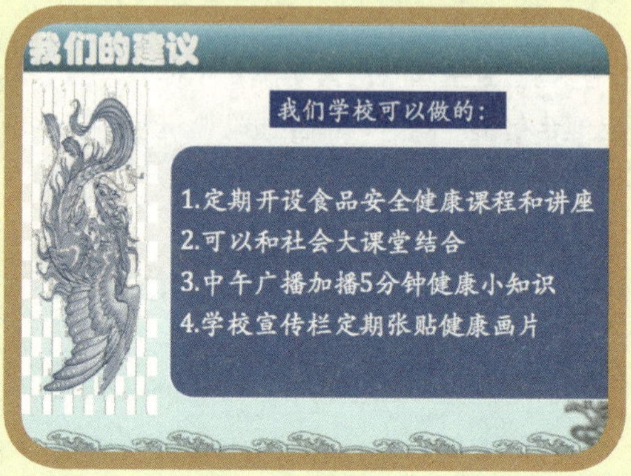

课堂可采用各种孩子们容易接受的不同形式来进行。

谢谢各位老师！

科学研究故事

改变现实不容易

在我们做这个课题的两年多时间里，我们俩经常到学校旁边的一家超市监测食品与玩具混装产品的售卖情况。2016 年 6 月，我们发现刚做这个课题时这里还售卖的小浣熊干脆面现在已经没有卖了。卖货的大哥哥说，买的人很少，已经不再进货了。曾经最受欢迎的健达奇趣蛋，当时购买的人也越来越少。我们很兴奋，认为这是我们几次在学校的宣讲工作有了效果。因为这家超市附近只有我们学校和另一个规模很小的小学。可以说，这个超市主要的客户就是我们学校的同学。

可是，2016 年 10 月，我们惊讶地发现，超市又进了一种超大的类似健达奇趣蛋的玩具与食品混装产品，售价仅为 25 元。这款产品同样分男孩版和女孩版，图案设计很漂亮，看着非常讨喜。售货哥哥说这种“巨蛋”非常受欢迎，里面的塑料玩具也非常大，仅仅里面的玩具也值 25 元，每天卖出 20~30 个很正常，男孩版还经常缺货。售卖的火热程度不亚于当年的健达奇趣蛋。

我们知道，那么大的玩具，塑料很可能是质量有问题的塑料，我们也知道，玩具与食品混装的产品的种种坏处，可面对诱人的玩具我们两人都有强烈的购买欲望。这让我们很沮丧。

看来，改变现实不像我们想象的那样容易，仅仅靠宣讲的力量和我们自己的自控力，还是太微弱了。只有把这类产品赶出售货架，不要诱惑我们，才能真正地杜绝购买，减少伤害。

专家点评

两位同学提出了一个很严肃的问题，食品与玩具混装的种类市面上很多，小朋友边吃边玩儿的现象确实有，但是没有引起大家的重视。他们能够走访专家，通过研究数据，告诫人们食品与玩具混装的危害性，而且还提出了很好的建议，为孩子和家长做了一件好事。此事应该引起社会的广泛重视。

7 关于自动铅笔芯折断问题的研究

作　　者/冯量达　赵晓渔
辅导老师/马　兰　赵　鹤

【摘要】本文作者针对自己和小伙伴经常遇到的自动铅笔芯折断的烦恼，通过查阅资料，了解自动铅笔的基本结构、自动铅笔芯的型号与品牌；通过问卷调查，了解同学们对自动铅笔的使用情况和经常遇到的问题；通过设计和进行自动铅笔芯承重试验，测试重量、角度、长度等因素对自动铅笔芯折断的影响，并进行力学分析，最终对自动铅笔厂家的生产、同学日常的合理使用提出建议。

【关键词】铅笔芯　受力折断　使用角度　使用长度

一、研究背景

学校一直鼓励我们参加“小问号”科技活动，我们积极响应，还参加了北京市西城区科技馆、宣武区科技馆的机器人、生物、小院士等活动。活动中老师希望我们寻找自己的“小问号”，但选什么题目对我们来讲有点难。老师鼓励我们从小事做起，以自己能够实际操作的问题作为选题。于是我们将焦点放在自己的学习生活中。我们发现同学们都很喜欢使用自动铅笔，因为既不用削铅笔浪费木材，又快捷方便，还体积轻巧。但在使用中会有以下几个问题：

- 自动铅笔是什么材料制造的？为什么自动铅笔比普通铅笔更容易折断？
- 市场上有各种各样的自动铅笔芯，哪个比较好使，又不易折断？
- 铅笔芯问题是否值得研究？

我们决定选择自动铅笔芯问题。开始家长们觉得这个题目有点小，研究的意义似乎不大，我们有点犹豫。但老师鼓励我们不要轻易放弃自己的想法，还是可以尝试一下。经过反复讨论后我们认为，虽然自动铅笔芯问题很小，但“千里之堤，溃于蚁穴”，中国有成千上万个小学生，要使用成千上万支笔和铅笔芯，如果大家都不重视这样的小事，将会造成极大的资源浪费，因此自动铅笔芯问题值得研究。我们希望了解：

- 自动铅笔的铅芯在什么情况下容易折断？其中有什么科学道理？
- 不同品牌和型号的自动铅笔芯都容易折断吗？同学们常用什么样的自动铅笔芯？哪种比较结实、耐用？
- 有没有方法防止笔芯折断？

二、研究目的

1. 了解自动铅笔的基本结构，了解自动铅笔芯的型号、品牌。
2. 调查同学们对自动铅笔的使用情况。
3. 设计自动铅笔芯受力承重情况的小实验。

4. 提出更合理使用自动铅笔的建议。

三、研究方法

1. 时间：2016 年 4—11 月

2. 地点：北京第二实验小学、北京市西城区青少年科技馆、作者家中、超市、商店等

3. 研究流程

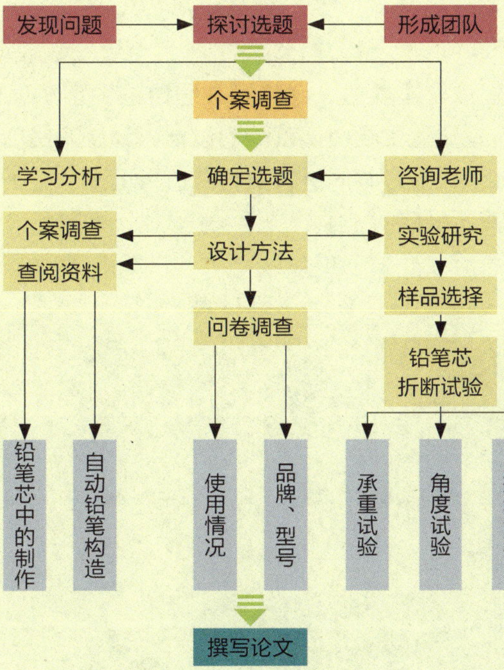

图 1　研究流程

4. 资料收集

表 1　资料收集时间安排表

编号	时间	地点	内容
1	2016 年 4 月	北京第二实验小学	参加小组，科技学习； 参加小组老师给予指导，讨论选题
2			
3	2016 年 5 月	赵晓渔家	与家长讨论科学选题
4		冯量达家	

编号	时间	地点	内容
5	2016 年 6 月	北京市西城区青少年科技馆 北京第二实验小学	与老师讨论并决定关于自动铅笔芯选题
6	2016 年 7—8 月	赵晓渔家	收集、选择来自全国各地自动铅笔芯样本
7	2016 年 7—8 月	商店、超市	查阅、收集相关资料
8	2016 年 8—9 月	冯量达家	设计相关实验
9	2016 年 9—10 月	北京第二实验小学	设计、完成实验，咨询物理专家
10	2016 年 10 月	北京市西城区青少年科技馆	讨论、整理、撰写论文

5. 研究分工

赵晓渔提出了选题建议。冯量达、赵晓渔共同讨论确定了项目的选题，各自分头查阅了资料和进行调查。冯量达主要负责试验的设计，赵晓渔负责准备试验所需的材料和向专家学习相关力学知识。双方共同进行实验并进行记录、分析和撰写论文。

6. 仪器、工具、用具、样品

表 2　实验工具表

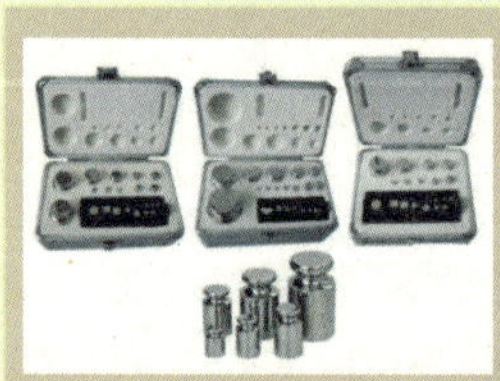	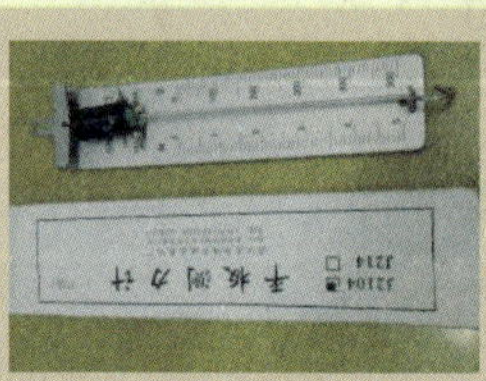		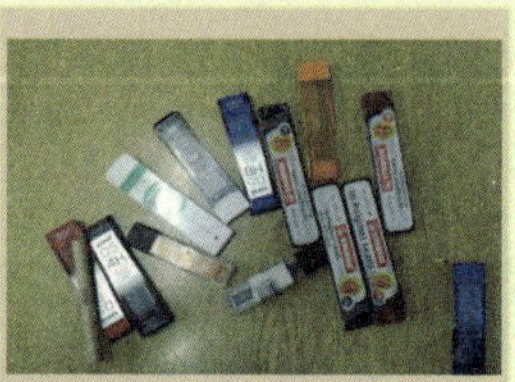
砝码（一套）	拉力器（学生常用）	玻璃杯（一只）	铅芯样品
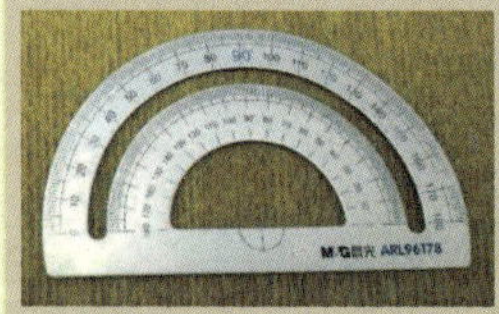		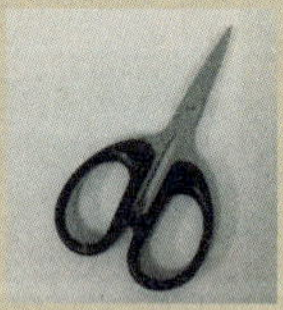	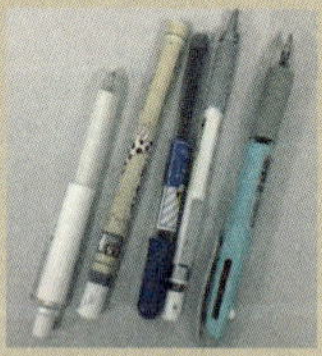
半圆仪（学生常用）	尺子（30 厘米可折叠）	剪刀（一把）	自动铅笔
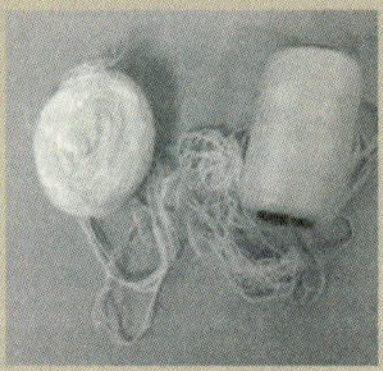	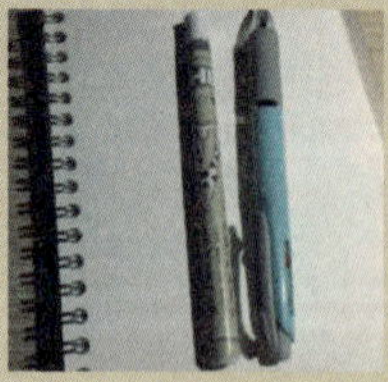		
棉线（若干）	纸笔（若干）	千分卡尺（学生常用）	铁茶叶盒（一盒）

7. 样品选择

表 3　笔芯样品表

编号	品牌	直径 / 毫米	硬度	规格 /（根 / 盒）	价格 / 元	采样点
1	三菱	0.5	HB	40	6	天虹商场超市
2			4H			
3			B			
4			2B			
5			F			
6	思笔乐	0.5	HB	24	6	复兴门百盛超市
7			2B			
8		0.7	HB			
9			2B			
10	樱花	0.7	HB	12	5	
11						
12	无印良品	0.5	HB	40	20	无印良品天猫店
13	晨光	0.5	HB	20	2	晨光文具专卖店
14		0.5	2B	20	2	

8. 查阅方法和内容

表 4　资料内容及来源

编号	内容	来源
1	自动铅笔构造	360 网站问答
2	自动铅笔芯发现	360 网站问答
3	自动铅笔芯的规格分类	360 网站问答
4	是否有青少年研究相关问题	全国青少年科技创新大赛服务平台，学生科技网
5	使用角度与自动铅笔芯的折断	360 网站问答
6	正确的握笔方法	360 网站问答
7	自动铅笔使用受力分析	360 网站问答，咨询专家

9. 调查方法及调查对象

（1）设计问卷：调查同学们使用自动铅笔的情况，主要是铅笔芯的品牌、硬度、直径等（表 5）。

表 5　调查问卷

学号	品牌	硬度	直径（型号）
1			
2			
3			
…			

（2）发放问卷：以北京第二实验小学四年级 14 班作为调查对象。

选择依据：我们自己所在班级，被调查者与我们同龄，使用自动铅笔的情况也比较一致，同时在老师的支持下，同学都比较配合。

选择人数：36 人，回收有效问卷 34 份。

10. 个案调查方法、内容及对象

表 6　个案调查表

设计原因		希望了解同学们对自动铅笔使用情况及主要问题	
编号	对象	年龄（岁）	自动铅笔使用情况（使用、习惯、折断情况等）
1			
2			
3			
4			
…			

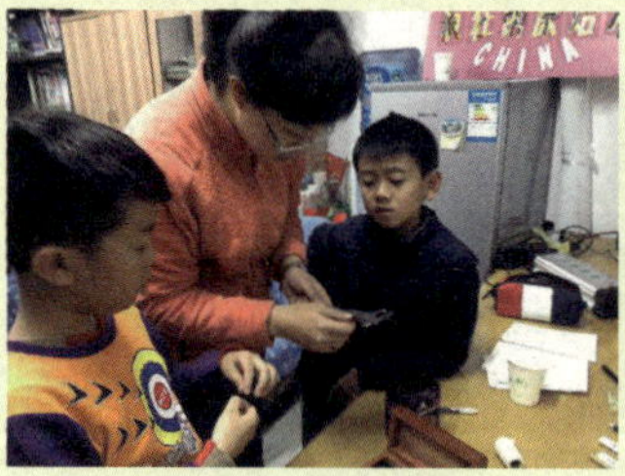

学习千分尺的使用

做好试验记录

偏离铅笔芯中心点悬挂砝码

铅笔芯中心点悬挂砝码

11. 实验设计方法

表 7　实验方法表

编号	名称	设计方法	设计意图及图示
设计一	不同品牌铅笔芯的抗折强度	1. 将不同品牌，同学们常用的直径 0.5 毫米的铅芯样品放置在直径为 4 厘米的玻璃杯上。 2. 在样品中间放置砝码，逐渐加大砝码数量至铅芯样品折断。观察哪种品牌铅笔芯的承重力强，平行试验 3 次。	挑选试验样品。 承受砝码重的铅笔芯比较结实，可作为下一步试验的试验样品。 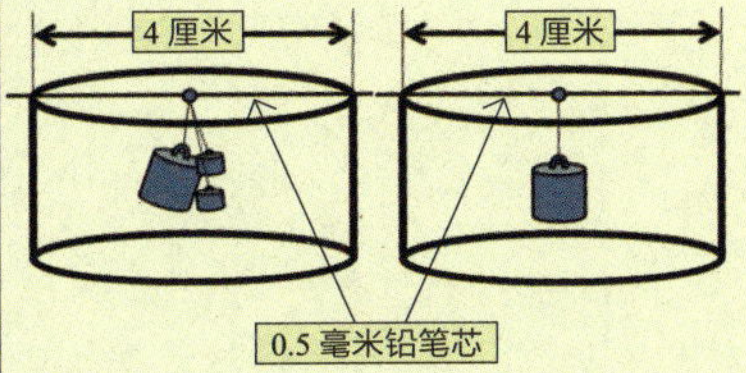
设计二	不同型号铅笔芯的抗折强度	1. 将“设计一”中承重最强的铅芯 HB 样品作为试验样品。 2. 将该样品的不同型号铅笔芯重复上述承重试验，平行试验 3 次。 3. 观察哪种型号铅笔芯的承重力强。	
设计三	改变受力点对铅笔芯抗折强度的影响	1. 选择承重力最强的品牌和型号，以 2B 铅笔芯作为试验样品。 2. 在距离原点 1.5 厘米处放置砝码。 3. 逐渐加大砝码重量，观察铅笔芯样品承重情况，平行试验 3 次。	模拟减少铅笔芯弹出笔头距离。 探讨铅笔芯探出自动铅笔的适宜长度。 减少铅笔芯探出笔头的长度可防止铅笔芯折断。 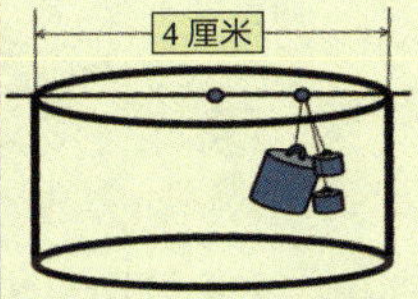
设计四	不同角度铅笔芯的抗折强度	1. 选择承重力最强的品牌和型号，以 HB 铅笔芯作为试验样品。 2. 在样品中间按不同角度放置砝码，观察折断情况，平行试验 3 次。	使用角度越小的铅芯在受力点受力后越容易折断。 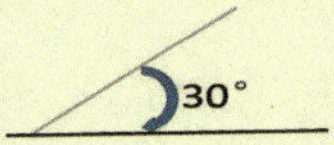
设计五	不同角度自动铅笔中铅笔芯的抗折强度	1. 选择承重力最强的品牌和型号铅笔芯作为试验样品。 2. 将样品放入自动铅笔中，铅芯分别露出 0.2 毫米、0.5 毫米、1.0 毫米，平行 3 次。 3. 设置不同的角度加放砝码，检测铅笔芯折断情况，平行试验 3 次。	模拟写字用笔、用力。 写字规范及铅芯尽可能少露在自动铅笔外，铅芯不易折断。 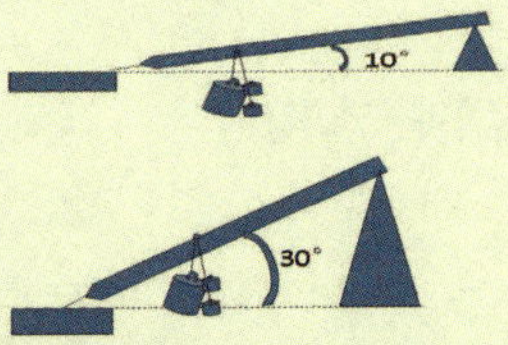
设计六	振动对不同铅笔芯抗折强度的影响	1. 将样品从 1 米高处扔下，模拟铅笔芯掉落，观察铅笔芯折断情况，平行试验 3 次。 2. 摇晃装有铅笔芯的盒子，观察铅笔芯折断情况，平行试验 3 次。	探讨铅笔芯是否会因为随人走动或不小心掉落等原因而折断。 探讨是否会因为晃动造成铅笔芯折断。

四、研究结果

1. 查阅结果

（1）铅笔芯起源

- 发现石墨：1564 年，在英格兰的巴罗代尔，人们发现了一种黑色的矿物——石墨。
- 发现“黑铅”：由于石墨能像铅一样在纸上留下痕迹，而且比铅要黑很多，因此称石墨为“黑铅”。
- 用于记号：有牧羊人常用石墨在羊身上画上记号。受到启发，人们将石墨用于写字、绘画。
- 最早铅笔芯：1761 年德国化学家法伯用水冲洗石墨，使石墨变成石墨粉，再与硫黄、锑、松香混合制成条，发现笔芯比纯石墨条的韧性大得多，也不易脏手，这是最早的铅笔。因此铅笔芯其实并不含铅，毒性不大。
- 现代铅笔芯：现在人们已经可以用复合树脂与石墨制成树脂铅笔芯，更为先进，有环保、卫生、安全健康的功能。

（2）铅笔芯分类

★ 自动铅笔的质地分类（软硬）

- 铅笔芯用石墨（用“B”代表）和黏土（用“H”代表）按一定比例混合制成。
- B——“Black”（黑）的词头。“B”前的数字越大表示越软，易写，如“6B”最软、最黑，常用于绘画，“2B”常用于考试涂答题卡。
- 学生常用的普通铅笔标号一般为“HB”。
- H——“Hard”（硬）的词头。“H”前面数字越大表示越硬，如“6H”最硬，字最不明显，常用来复写。

★ 自动铅笔芯型号（粗细）

- 0.2 毫米、0.3 毫米、0.5 毫米、0.7 毫米、0.9 毫米、2.0 毫米等。

（3）自动铅笔的基本构造

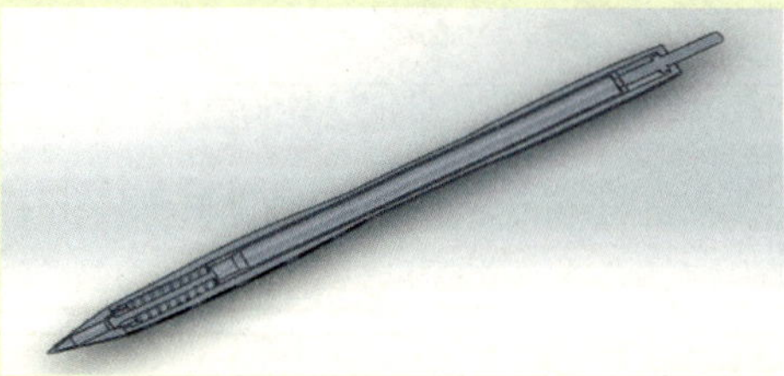

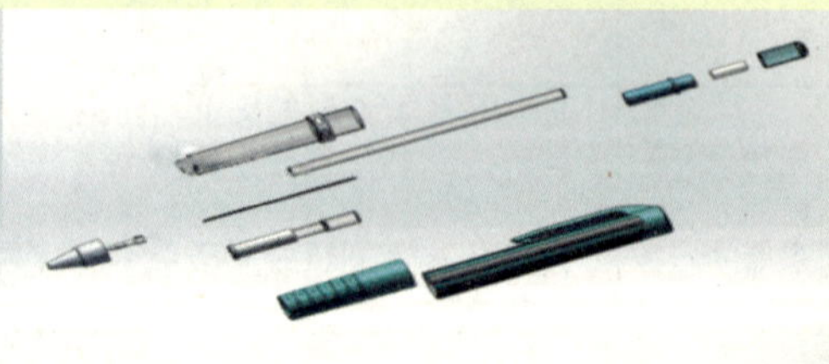

（4）小学生相关研究

网上有学生提出自动铅笔不易断的经验和使用的建议，但没有设计实验开展专项研究，也没有小学生关于自动铅笔芯抗折强度问题的研究。

查到四川省江油市曾芸芸同学发明一种不断芯、可装很多笔芯的 “自动铅笔多芯器”，并于 1995 年 12 月，获得了国家专利局颁发的实用新型证书。

2. 问卷调查结果

表 8　问卷调查结果

学号	品牌	硬度	直径 / 毫米	学号	品牌	硬度	直径 / 毫米
1	晨光	2H	0.5	19	无印良品	2H	0.5
2	晨光	HB	0.5	20	无印良品	HB	0.5
3	晨光	HB	0.5	21	晨光	2H	0.5
4	得力	HB	0.5	22	施耐德	2H	0.5
5	三菱	HB	0.5	23	晨光	2H	0.5
6	晨光	HB	0.5	25	晨光	HB	0.5
7	晨光	HB	0.5	26	晨光	HB	0.5
8	晨光	HB	0.5	27	三菱	HB	0.5
9	通派 ORENZ	2B	0.7	28	晨光	HB	0.5
10	施耐德	HB	0.5	29	无印良品	2H	0.5
11	晨光优品 ULtra	HB	0.5	30	百乐	HB	0.5
13	晨光	2H	0.5	32	无印良品	HB	0.5
14	aiside	HB	0.5	33	三菱	HB	0.5
15	无印良品	2H	0.5	34	无印良品	HB	0.5
16	晨光	HB	0.5	35	百乐	HB	0.7
17	晨光	HB	0.7	36	晨光	HB	0.5
18	无印良品	2B	0.5	37	无印良品	HB	0.5
被调查者	四年级 14 班全班同学 38 人，按照学号记录。 学号为 12、24、31、38 没参加调查，因此实际人数为 34 人。						
使用情况统计	1. 不同铅笔芯品牌的调查 • 晨光牌铅笔芯为最多，15 人，占 44.1% • 無印良品，8 人，占 23.5% • 其他占 8 种品牌，11 人，占 32.4% 2. 不同直径的调查（软硬） • HB，24 人，占 70.6% • 2H，8 人，占 23.5% • 2B，3 人，占 8.8%						

3. 个案调查结果

表 9　个案调查结果

设计原因		希望了解同学们对自动铅笔使用情况及主要问题	
编号	对象	年龄 / 岁	自动铅笔使用情况（使用、习惯、折断情况等）
1	张同学	7	很喜欢使用比较漂亮、新奇的铅笔，自动铅笔就很新奇、漂亮，因为很喜欢就比较在意外表，根本没注意铅芯是否容易折断。
2	周同学	8	一使劲就断，不能太用力，好像握笔的下面不太容易折断，购买笔头牢固，不摇摇晃晃的自动铅笔很重要。
3	冯同学	8	自动铅笔和铅笔都用，感觉笔芯挺细的，很易折断。
4	常同学	11	笔芯是会经常折断的，因为笔芯很细，当然容易断，这很正常。
5	马同学	9	我比较注意铅笔芯是否有毒，折断问题的没太在意。
6	赵同学	12	使用方便，不用削笔，粗细又合适，没注意铅芯折断。
7	黄同学	14	铅是有毒的，但是铅芯不是铅，是由一种黑物质组成，因此学生使用的铅芯没毒。自动铅笔一般正常使用不会总断，容易折断的原因是用力过猛。
8	刘同学	15	常用圆珠笔和签字笔，基本不会使用自动铅笔。如果要用自动铅笔切忌不能写太重，笔芯不能露出太长。如果真的要写得重，那只能将笔芯露出不超过 0.1 毫米，然后将笔芯与纸面成 70° ~75° 角。这样做可加大一定的力度，但是也易断。

4. 实验结果

（1）实验设计一、实验设计二：不同品牌、不同型号铅笔芯承重测试

表 10　铅笔芯承重测试结果

<table>
<tr><td>样品选择</td><td colspan="5">同学们常用的 0.5 毫米铅笔芯，在铅笔芯中心点悬挂 50 克砝码。</td></tr>
<tr><td>符号意义</td><td colspan="5">“√”代表能承受重量不折断，“×”代表不能承受重量折断了。</td></tr>
<tr><td rowspan="2">品牌 型号 编号</td><td colspan="3">晨光</td><td colspan="2">无印良品</td></tr>
<tr><td>HB</td><td>B</td><td>2B</td><td>HB</td><td>2B</td></tr>
<tr><td>第 1 次</td><td>×</td><td>×</td><td>×</td><td>√</td><td>×</td></tr>
<tr><td>第 2 次</td><td>×</td><td>×</td><td>×</td><td>√</td><td>×</td></tr>
<tr><td>第 3 次</td><td>×</td><td>×</td><td>×</td><td>√</td><td>×</td></tr>
<tr><td>备注（补充试验）</td><td colspan="3">对不能承受 50 克重量的晨光牌 HB 样品再分别进行 40 克、41 克、42 克、45 克的承重试验，结果是最大承重为 41 克。</td><td colspan="2">对能够承受 50 克重量的无印良品牌 HB 样品分别用 50 克、51 克、52 克、55 克进行承重试验，结果是最大承重为 51 克。</td></tr>
</table>

样品选择	同学们常用的 0.5 毫米铅笔芯，在铅笔芯中心点悬挂 50 克砝码。							
符号意义	“√”代表能承受重量不折断，“×”代表不能承受重量折断了。							
品牌	三菱				思笔乐		樱花	
编号 \ 型号	4H	HB	F	B	2B	HB	2B	2B
第 1 次	√	√	√	√	×	×	×	×
第 2 次	√	√	√	√	×	×	×	×
第 3 次	√	√	√	√	×	×	×	×
初步分析	• 虽然晨光牌为同学们最常用的铅笔芯，价格比较低廉，晨光牌不能经受 50 克重量，最多经受 41 克的重量。 • 三菱牌在所选择的样品中最结实，可作为后续试验样品 • 选取三菱牌学生最常用 0.5 毫米，2B 和 HB 完成下面试验							

（2）不同受力臂对铅笔芯折断的影响

表 11　不同受力臂对铅笔芯折断的影响

编号 \ 重量 / 克	偏离铅笔芯中心 1.5 厘米（三菱牌，0.5 毫米 2B）									
	35	40	45	47	50	55	60	65	68	70
第 1 次	√	√	√	×	×	×	×	×	×	×
第 2 次	√	√	√	×	×	×	×	×	×	×
第 3 次	√	√	√	×	×	×	×	×	×	×
编号 \ 重量 / 克	偏离铅笔芯中心 1.5 厘米（三菱牌，0.5 毫米 HB）									
	35	40	45	47	50	55	60	65	68	70
第 1 次	√	√	√	√	√	√	√	√	√	×
第 2 次	√	√	√	√	√	√	√	√	√	×
第 3 次	√	√	√	√	√	√	√	√	√	×
初步分析	试验中看到 HB 比 2B 明显结实许多									

（3）测试铅笔与纸面呈 30° 角的承重（三菱牌，0.5 毫米 HB）

表 12　铅笔与纸面呈 30° 角的承重

砝码重量 / 克	铅笔芯露出铅笔的长度 / 厘米		
	1	0.5	0.2
50	√	—	—

砝码重量 / 克	铅笔芯露出铅笔的长度 / 厘米		
	1	0.5	0.2
70	√	—	—
90	×	—	—
100	×	√	—
120	×	√	—
150	×	×	√
200	×	—	√
250	—	—	√
350	—	—	√

（4）振动试验结果（三菱牌，0.5 毫米 HB）

经过从高处（1.5 米处）投放铅笔芯和空铁盒手摇振动发现铅笔芯完全没有折断，说明铅笔芯不怕振动。一般幅度的晃动不易造成铅笔芯的折断。

五、研究分析

1. 小事不小——自动铅笔芯问题值得研究

自动铅笔芯的发明是一个有趣的过程，其中有很多故事和趣闻，从 1564 年英格兰的巴罗代尔，到 1761 年德国化学家法伯的石墨条，到现代的树脂铅芯，人们通过实践、研究使它不断完善。

虽然开始选题的时候还有些犹豫，但是随着研究的深入，我们发现自动铅笔问题是非常值得研究的课题。这个看似非常简单的问题居然涉及材料、力学、历史、化学、物理、社会等科学知识，很多都是我们未知的领域，引导我们去学习和探索。研究过程让我们大开眼界，特别是从未有过的试验设计过程，让我们真实地认识到科学的魅力和严谨，知道科学其实离我们并不遥远，科学就在我们身边，小事不小。

2. 用与不用——质量是产品存在的生命线

从个案调查中发现，同学们在使用自动铅笔时都会遇到折断现象，或因为太用力，或因为品牌质量，或因软硬度使用不当……但是我们认为要特别重视的是产品质量！

调查中发现，国产的晨光牌自动铅笔芯价格较低（2 元 / 盒），为同学们（44.1%）最常用的铅笔芯。但大部分同学（55.9%）居然更喜欢使用价格比晨光牌贵很多的三菱牌等外国品牌（5~20 元 / 盒），这让我们感到吃惊！大部分同学为什么不用相对更便宜一点的铅笔芯？通过试验我们明白了，原来是自动铅笔芯的质量差异。必须提高自己的研究能力及产品质量，必须理解，质量是产品生存的生命线，不尽快改变现状，迟早会被消费者淘汰。

3. 弯而不断——振动对铅笔芯影响不大

设计振动试验的原因是我们初步设想铅笔芯脆硬，放在书包中，铅笔芯受到振动多，有可能折断。但是我们反复试验从 1.5 米处投下及放在空盒中用力振动，发现铅笔芯毫发无损，一点事都没有。这让我们感到奇怪，铅笔芯为什么那样结实？这样结实为什么同学们都遇到铅笔芯折断的麻烦？

做承重试验时，一个试验现象提醒了我们，即承重、没有折断的铅笔芯居然有点弯曲，一点也不像我们原来想象的脆硬。我们通过查阅资料终于明白，目前许多铅笔芯是由树脂和石墨制造的，石墨的黑加上树脂的弹性，让铅笔芯很结实，可以说铅笔芯折断主要不是振动引起的。

4. 断与不断——铅笔芯折断问题的力学分析

（1）为什么做悬挂测试时，在同样承重下，铅笔芯中心点更容易断？

经与家长及物理专业人士讨论，我们学习到：铅笔芯的折断问题，在物理学上可以理解为梁的扯断问题的一个特例，主要涉及力学、材料力学，核心是铅笔芯受到的力及弯矩。

需要计算弯矩，弯矩值大，力矩大，铅笔芯容易断。反之，弯矩值小，力矩小，受力也就相应小，铅笔芯不易折断。

所用力学公式

$$弯矩=(1-Y)\times Y\times AB\times W$$

式中：Y——$AC_n\div AB$，也就是 AC_n 占 AB 的比例；

AB——是从 A 到 B 的距离，单位 /cm；

W——是砝码重量，单位 /g；

C_n——放置砝码的位置。

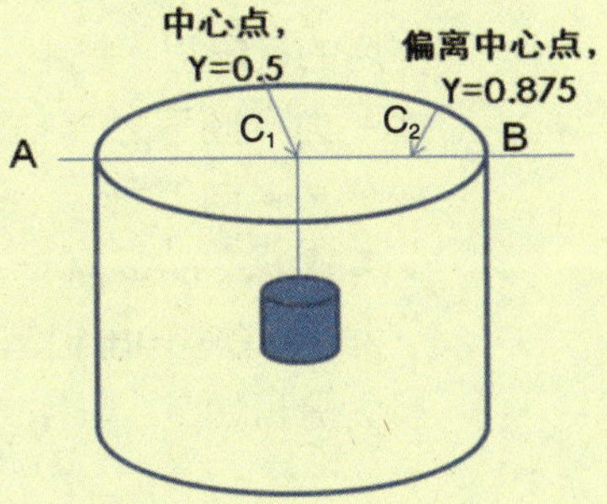

以本试验为例，砝码放置分别在两个位置，一个是中心点（C_1，Y = 0.5），一个是距中心点 1.5 厘米处（C_2，Y = 0.875），当 AB = 4 厘米，W = 50 克计算如下：

$$弯矩（C_1）=0.5\times 0.5\times 4\times 50=50$$

$$弯矩（C_2）=(1-0.875)\times 0.875\times 4\times 50=21.9$$

根据专家介绍的力学公式计算我们可以发现，当砝码放在铅笔芯中心点之外的任何位置都会显示弯矩比中心点小，说明会比比铅笔芯中心能承受的砝码重量大。

（2）铅笔芯使用角度不当容易折断

从网上查到了青少年写字正确的姿势如图，可以看出笔与纸是有一定的角度。那么这个角度在什么情况下易造成铅笔芯折断？

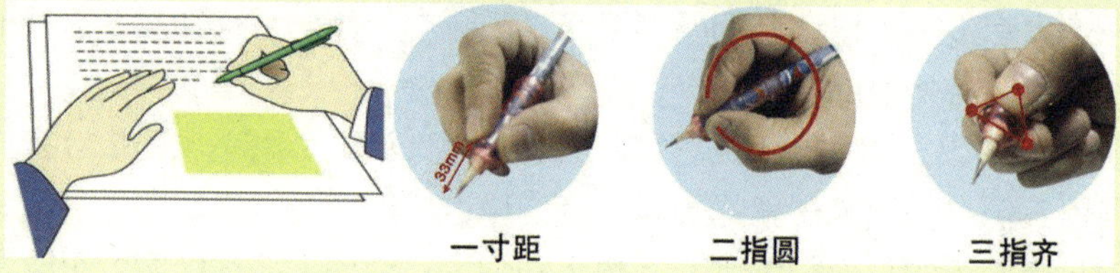

受力分析如下：

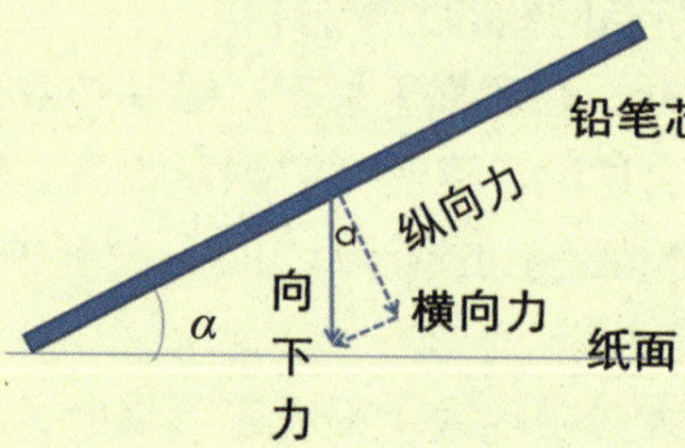

向下作用于铅笔芯的力，可以分解为：垂直作用于铅笔芯的纵向力、沿着铅笔芯水平作用的横向力。其中，纵向力是造成铅笔芯折断的主要原因。

水平力 = 向下力 $\times \sin\alpha$

纵向力 = 向下力 $\times \cos\alpha$

α 角越小，$\cos\alpha$ 越大，纵向力也就越大，所以铅笔越容易折断。

（3）铅笔芯伸出铅笔芯过长容易折断

受力分析如下：

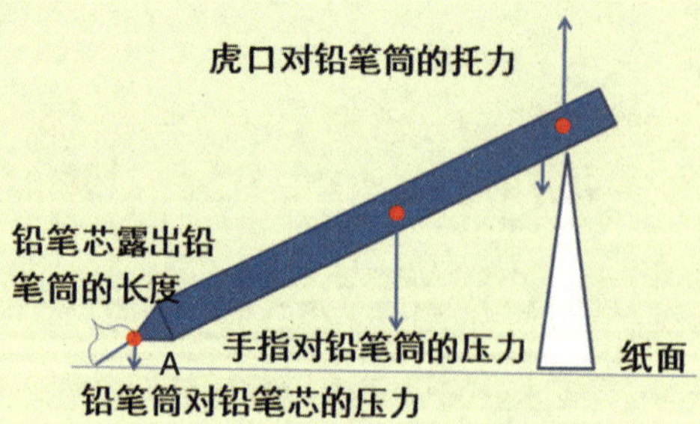

A 点是铅笔芯直接受铅笔筒挤压的一点，也是铅笔芯最容易断裂的点。这一点的受力力矩 = 铅笔筒对铅笔芯的压力 × 铅笔芯露出铅笔筒的长度，露出长度越长，力矩越大，则铅笔芯越容易折断。

六、研究结论

自动铅笔芯问题看似比较小，其实关系到社会、经济、材料、力学等各方面的科学知识，值得探究。如果大家掌握正确的握笔姿势和使用习惯，浪费现象可以减少；如果厂家重视消费者的利益，保证铅笔芯的制作质量，学生也能更好地节约自己的学习成本。

七、参考文献

［1］自动铅笔的历史 [OL]. 维基百科 .

［2］[德] 克尔斯汀 • 兰特维尔著 . 德国小学生最喜欢的 111 个科学小实验（基础版）[M]. 王尚方译 . 北京：中国铁道出版社，2013.

［3］[日] 原口秀昭著 . 漫画结构力学入门 [M]. 林晨怡译 . 北京：中国建筑工业出版社，2011.

八、致谢

在这次研究过程中，我们得到了北京市西城区青少年科技馆周又红老师、北京第二实验小学甄奕老师的耐心指导。从课题选定、问卷调查及试验设计，到整理论文思路，表达方式、论文的次次修改、定稿，两位老师给予了我们耐心细致的帮助和指导，并不断鼓励我们直到今天。在此我们向他们表示最诚挚的感谢。研究过程中，我们的家人也从始至终积极给予我们支持和配合，并在论文的写作方面给予了我们很多指导和建议。在此我们由衷地对您们说一声谢谢！

PPT 展示

我们发现同学们都很喜欢使用自动铅笔，因为既不用削铅笔浪费木材，又快捷方便，还体积轻巧。但在使用中会有以下几个问题：

- 自动铅笔是什么材料制造的？为什么自动铅笔比普通铅笔更容易折断。
- 自动铅笔只要一按就可以出铅芯，所以我们使用中稍微短了一点就按。
- 使笔尖的铅芯伸出过多，稍一用劲就会折断。
- 市场上有各种各样的自动铅笔芯，哪种比较好使，又不易折断？
- 铅笔芯问题是否值得研究？

我们形成团队，共同讨论并确定了项目的选题。通过各自分头查阅资料、开展个案调查等。我们又在老师的帮助下，一起设计了关于铅笔芯的承重实验、角度实验和振动试验，还开展了关于铅笔芯品牌、型号等方面的调查，最后我们通过分析、讨论，撰写相关的论文。

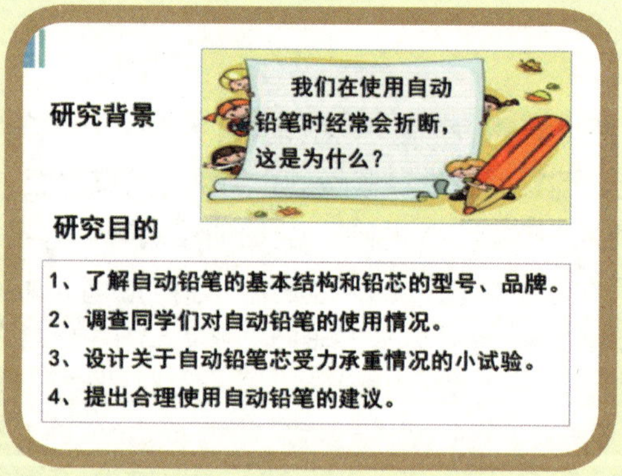

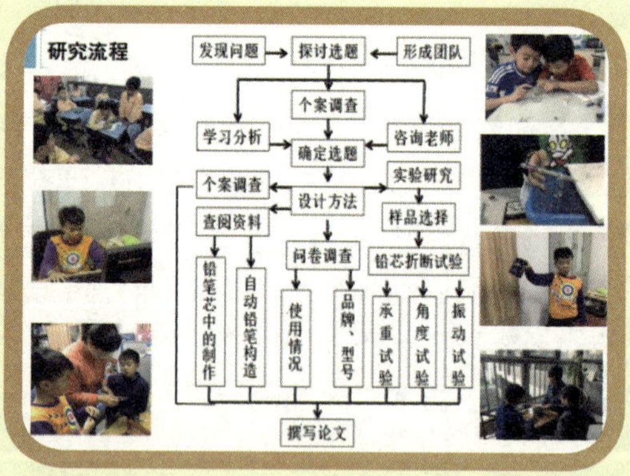

我们的研究持续了 6 个月，主要试验在北京市西城区青少年科技馆完成，我们的研究用到尺子、剪刀、千分尺、玻璃瓶、棉线、自动铅笔、铅笔芯样品等。

我们设计了 6 类试验，包括：重量对不同品牌（实验设计一）和不同型号（实验设计二）的铅笔芯的影响，请看图示，将砝码放在中心（圆心处）和靠边处（距圆心 1.5 厘米处）要观察哪种品牌铅笔芯的承重力强，还要观察哪种型号铅笔芯的承重力强。探讨铅笔芯探出笔头的长度对铅笔芯折断的影响。

还设计了重量对不同角度铅笔芯折断影响、重量对不同角度自动铅笔中的铅笔芯折断影响。希望模拟写字用笔、用力，了解写字规范及铅芯尽可能少露在自动铅笔外，铅芯不易折断的道理。

实验设计六是希望探讨铅笔芯是否会因为随人走动或不小心掉落等原因而折断。探讨是否会因为晃动造成铅笔芯折断。

我们研究的时间安排

编号	时间	内容
1	4月	参加小组，科技学习
2		参加小组老师给予指导，讨论选题
3	5月	与家长讨论科学选题
4		
5	6月	与老师讨论并决定关于自动铅笔芯选题
6	7-8月	收集、选择来自全国各地自动铅笔芯样本
7	7-8月	查阅、收集相关资料
8	8-9月	设计相关实验
9	9-10月	设计、完成实验，咨询物理专家。
10	10月	讨论、整理、撰写论文
2016年4月----2016年10月20日		

我们研究时使用的工具

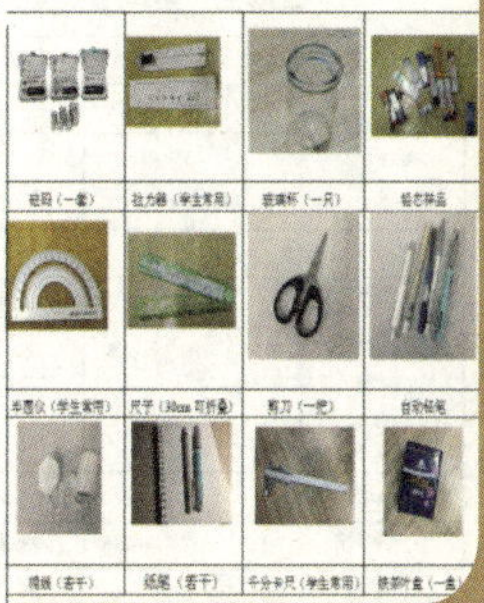

编号	名称	设计方法	设计意图及图示
设计一	施加重量对不同品牌铅笔芯折断影响	1. 将不同品牌，同学们常用的直径0.5mm的铅芯样品放置在直径为4厘米的玻璃杯上，如右图 2. 在样品中间放置砝码，逐渐加大砝码数量至铅芯样品折断。观察那种品牌铅笔芯的承重力强。平行试验3次。	挑选比较结实，承受砝码重的铅笔芯做下一步试验的试验样品。 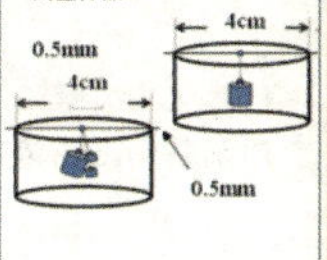
设计二	施加重量对不同型号铅笔芯折断影响	1将"试验一"中承重最强的铅芯HB样品作为试验样品。 2. 将该样品的不同型号铅笔芯重复上述承重试验，平行试验3次。 3. 观察哪种型号铅笔芯的承重力强。	
设计三	改变受力点对铅笔芯折断影响	1. 选择承重力最强的品牌和型号，以2B铅笔芯作为试验样品。 2. 在距离原点1.5厘米处放置砝码。 3. 逐渐加大砝码重量，观察铅笔芯样品承重情况。平行试验3次	探讨减少铅笔芯探出笔头的长度可防止铅笔芯折断。 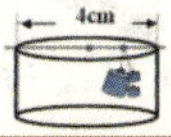

编号	名称	设计方法	设计意图及图示
设计四	重量对不同角度铅笔芯折断影响	1. 选择承重力最强的品牌和型号，以HB铅笔芯作为试验样品。 2. 在样品中间按不同角度放置砝码，观察折断情况。平行试验3次	使用角度越小的铅芯在受力点受力后越容易折断。 
设计五	重量对不同角度自动铅笔中的铅笔芯折断影响	1. 选择承重力最强品牌和型号的铅笔芯为试验样品。 2. 将样品放入自动铅笔中，铅芯分别露出0.2mm、0.5mm和1.0mm。 3. 在铅笔杆上的不同角度加放砝码，检测铅笔芯折断情况，平行试验3次。	模拟写字用笔、用力。写字规范及铅芯尽可能少露在自动铅笔外，铅芯不易折断。 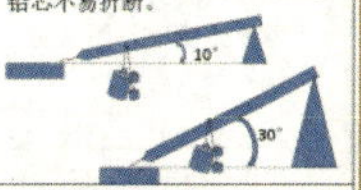
设计六	振动对不同铅笔芯折断情况	1. 将样品从1米高处扔下，模拟铅笔芯掉落，观察铅笔芯折断情况，平行试验3次2. 摇晃装有铅笔芯的盒子，观察铅笔芯折断情况。平行试验3次。	探讨铅笔芯是否会因为随人走动或不小心掉落等原因而折断。探讨是否会因为晃动造成铅笔芯折断

为什么做悬挂测试时，在同样承重下，铅笔芯中心点更容易断？这里涉及力学、材料力学，核心是铅笔芯受到的力及弯矩。

弯矩值大，力矩大，铅笔芯容易断。反之，弯矩值小，力矩小，受力也就相应小，铅笔芯不易折断。

根据专家介绍的力学公式计算我们可以发现，当砝码放在铅笔芯中心点之外的任何位置都会显示弯矩比中心点小，说明会比比铅笔芯中心能承受的砝码重量大。

研究结果

问卷调查结果

同学们使用铅笔芯情况统计

1. 不同铅笔芯品牌的调查
   - 晨光牌铅笔芯为最多， 15 人， 占 44.1%，
   - 無印良品， 8 人， 占 23.5%
   - 其他占 8 种品牌， 11 人， 占 32.4%
2. 不同软硬度的调查
   - HB， 24 人， 占 70.6%
   - 2H， 8 人， 占 23.5%，
   - 2B， 3 人， 占 8.8%

测试结果

试验一和试验二：不同品牌、不同型号铅笔芯承重

样品选择	同学们常用的 0.5mm 铅笔芯，在铅笔芯中心点悬挂 50g 砝码。				
符号意义	"√"代表能承受重量不折断，"x"代表不能承受重量折断了。				
品牌	晨光牌			無印良品牌	
编号 现象 硬度	HB	B	2B	HB	2B
第 1 次	x	x	x	√	x
第 2 次	x	x	x	√	x
第 3 次	x	x	x	√	x
备注	最大承重为 41g。			最大承重为 51g。	

试验三：不同受力点对铅笔芯折断的影响

悬挂位置 重量（g） 编号 现象	偏离铅笔芯中心 1.5cm （0.5mm，Uni 牌，2B）									
	35	40	45	47	50	55	60	65	68	70
第 1 次	√	√	√	x	x	x	x	x	x	x
第 2 次	√	√	√	x	x	x	x	x	x	x
第 3 次	√	√	√	x	x	x	x	x	x	x
悬挂位置 重量（g） 编号 现象	偏离铅笔芯中心 1.5cm （0.5mm，Uni 牌，HB）									
	35	40	45	47	50	55	60	65	68	70
第 1 次	√	√	√	√	√	√	√	√	√	x
第 2 次	√	√	√	√	√	√	√	√	√	x
第 3 次	√	√	√	√	√	√	√	√	√	x
初步分析	试验中看到 H B 比 2B 明显结实许多									

试验四：试验失败，改变方法

试验五：不同受力臂对铅笔芯折断的影响

砝码重量（g）	铅笔芯露出铅笔的长度（cm）		
	1	0.5	0.2
50	√	——	——
70	√	——	——
90	X	——	——
100	X	√	——
120	X	√	——
150	X	X	√
200	X	——	√
250	——	——	√
350	——	——	√

试验六：振动试验结果（0.5mm，Uni牌，HB）

一般的晃动不易造成铅笔芯的折断。

A 点是铅笔芯最易断的点。铅笔芯露出笔杆的长度越长， A 点力矩越大，笔芯越易折断。铅笔芯与纸面之间的夹角越小，铅笔芯受到的纵向力越大，越容易折断。

铅笔芯折断问题的力学分析

为什么做悬挂测试时，在同样承重下，铅笔芯中心点更容易断？

这里核心是铅笔芯受到的力及弯矩。弯矩值大，力矩大，铅笔芯容易断。反之，弯矩值小，力矩小，受力也就相应小，铅笔芯不易折断

所用力学公式

弯矩 ＝ （1 - Y） x Y x AB x W

Y ——AC ÷ AB，也就是 AC 占 AB 的比例

AB——是从 A 到 B 的距离，单位（cm）

W ——是砝码重量，单位（g）

Cn ——放置砝码的位置

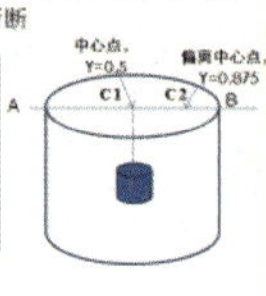

当砝码放在铅笔芯中心点之外的任何位置都会显示弯矩比中心点小，说明比铅笔芯中心能承受的砝码重量大。

以本试验为例，砝码放置分别在两个位置，一个是中心点（C1，Y=0.5），一个是距中心点 1.5cm 处（C2，Y=0.875）当 AB=4cm，W=50g 计算如下：

弯矩（C1） ＝ 0.5 x 0.5 x 4 x 50 ＝ 50

弯矩（C2） ＝（1−0.875）x 0.875 x 4 x 50 ＝ 21.9

铅笔芯伸出铅笔芯过长容易折断

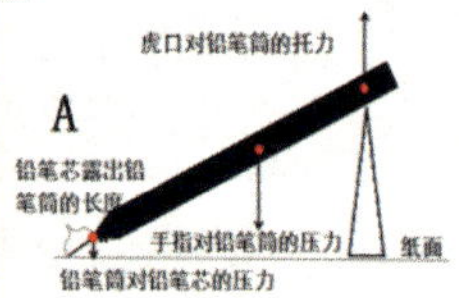

- A点是铅笔芯最易断的点。铅笔芯露出笔杆的长度越长， A点力矩越大，笔芯越易折断。
- 铅笔芯与纸面之间的夹角越小，铅笔芯收到的纵向力越大，越容易折断。

- 纵向力是造成铅笔芯折断的主要原因。
- 水平力 ＝ 向下力 x sinα，
- 纵向力 ＝ 向下力 x cosα。

α 角越小， cosα 越大，纵向力也就越大，所以铅笔越容易折断。

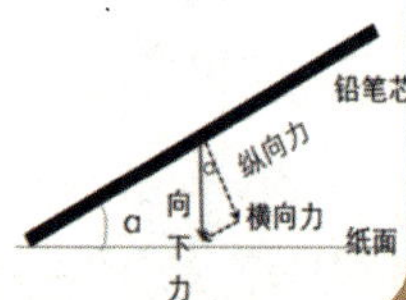

自动铅笔芯问题看似比较小，其实关系到社会、经济、材料、力学等各方面的科学知识，值得探究。如果大家掌握正确的握笔姿势和使用习惯，浪费现象可以减少；如果厂家重视消费者的利益，保证铅笔芯的制作质量，学生也能更好地节约自己的学习成本。

谢谢帮助过我们的老师，谢谢帮助过我们的家长，谢谢评委对我们的支持！

研究结论及建议

1、自动铅笔芯问题关系到社会、经济、材料、力学等各方面的科学知识，值得探究。

2、厂家应重视消费者的利益，保证铅笔芯的制作质量。

3、正确的握笔知识和使用习惯（写字时与纸面的角度不要过小、铅笔芯伸出的长度不要过长），可减少铅笔芯的折断。

4、我们希望能够设计出一种合理控制角度和铅芯伸出长度的自动铅笔。

科学研究故事

小铅笔芯中的大学问

1. 同学不经意的一个问题成就了我们科研课题

一天刚下语文课，晓渔说："我的笔芯又断了，我真想发明一个不会折断的笔芯。"我把这件事记在心上，因为我的铅笔芯也经常断，我找到晓渔及我们的家人讨论起这件事情，我们希望找到铅芯折断的原因，没想到一做就是好几个月，我们还获得"小院士""创新大赛、金鹏科技奖"。

2. 打打闹闹的 4 小时与忙忙碌碌的 4 小时

在刚开始做试验的时候，我们觉得什么都新鲜，到了实验室总觉得那里的实验设备瓶瓶罐罐都是那么有趣，这里看看，那里弄弄。在试验中也经常因为东西放置杂乱，找不到东西，互相埋怨，结果做了三四个小时也没有成果。

辅导老师批评了我们，她告诉我们科学研究不是只有好奇心，还要精心设计，精心实验，精心记录。她又带着我们认识实验室里的新朋友——实验设备，理解实验设计的意义，慢慢的我们好奇心变成了求知欲，我们初步掌握了做试验、做记录的方法，而且越做越熟练。最重要的是我们集中了注意力，实验效率明显提高。在试验填写数据的间隙，我看看窗外，突然发现夜幕已经降临，我们又做了 4 个小时实验，这可是忙忙碌碌的 4 个小时，我们是那么的开心！

3. 试验不成功但不能半途而废，失败是成功之母

在测试执笔角度对铅笔芯折断的影响时，因砝码无法固定在铅笔芯上，总是滑落，造成实验失败。回家路上我想，没有人会直接拿铅笔芯写字，铅笔芯是放在笔杆里使用的。对呀，将砝码固定在笔杆上还是很容易！我们又赶紧回实验室想办法。我们终于想出了另外一种绑砝码的方法，砝码不再滑落，试验继续顺利进行了，真是"柳暗花明又一村"啊。我们明白，做任何事情都要有恒心，不怕困难，要坚持，不能半途而废；找不到答案，可以换一个角度再想办法，要尝试用不同的思路去解决问题。

4. 没想到小小的事件背后，都有大大的科学道理

通过调查，我们发现自动铅笔芯容易折断是很多同学都会遇到的问题，而且这个小问题还涉及很多物理学方面的知识，我们还请教了物理老师，初步了解了一些力学知识。 由此我们明白，任何事情从小处着手、往深处探索，都大有可为。

专家点评

本研究从一个学生日常生活中遇到的小问题出发，进行了各种有趣的科学探究实验设计，看起来容易，但是对于四年级的同学来说，实施起来却很有挑战性。从折断试验和角度实验的设计，原理表达准确，测试实验设计巧妙，看到了学生和老师的精心准备；部分原始记录也能够在附件中看到，测量的数据丰富而且质量上乘，看到了学生平时训练有素。学生研究结果中使用大量的图示分析的方法进行受力分析，表达清晰明了。这项研究如果推广到科学课中，一定会让更多的孩子享受科学之美。